**오류엔
원칙밖에
없다**

오류엔 원칙밖에 없다

윤용구 지음

이담
Books

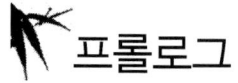

인적 오류를 어떻게 해결할 것인가?

　현재의 경쟁시대에서나 다변화된 세계화 속의 멋진 삶에도 성공이나 영광스러운 정상이 있듯이 반대로 실패 가운데는 오류나 실수나 과오나 잘못이 상존하여 어려움과 낭패를 보고 큰 곤경에 빠지는 일이 발생한다. 재발 방지를 위해 산업 현장과 연구소나 실험실에서 불철주야 노력하는 산업 역군과 안전인들이 복구를 위해 지금도 헌신하고 있다.

　그러나 지금 현재에도 오류가 발생하고 있다. 시도 때도 없는 발생은 의도적이든 의도적이 아니든, 반자연적이든, 완전 자연적이든, 내가 원하든, 원치 않든 간에 일어나고 있다. 오류는 시간 간의 연속성을 가지는 요인이며 발생에 기인되므로 인간에게 주변환경 및 시스템에 따라 크고 작게 나타나고 있다.

　발생의 요인인 오류는 결과에 역점을 두지만 주체는 인간임을 부정할 수 없고 고의성과 임의성이 아니지만 우리의 산업현장에서 전제되어야 하는 것임을 알아야 한다.

　식물에서 오류는 변형이나 돌연변이나 개체변이의 형태로 나타나지만, 사람의 오류는 하늘과 바다와 육상의 모든 곳에서 사건과 사고의 형태로 나타나고 결국 재해로 이어져 많은 물적·인적의 불행과 희생이 병행되고 있다. 인간오류는 산업사회가 되면서 산업과 작업 현장에서 빈번하게 사고로 이어지므로 안전의 중요성을 인식하게 되는 시발점이 되었다.

인간오류는 판단과 인지와 정보의 오류 속에 발생되는 큰 틀의 쟁점이 인간임을 알고 발생요인의 해결책에 초점이 맞춰지게 되었다. 해결책이란 인간은 오류라는 틀에서 탈피해야 한다는 생각과 원칙을 알고, 인적 오류의 명확한 목표가 사고나 사건의 발생원이 되는 인간오류의 요인이나 요소를 찾아 장애물을 없애는 것이다. 인간에 의해 오류 발생원이 되고 인간의 에러를 감소하거나 제거하는 데 필수조건은 인간오류의 불안전한 요인을 없애는 것이고 근간이 되어야 한다.

오류의 요인이 무엇일까를 찾아내고, 발굴해서 연계성을 갖게 하는 것은 안전학자나 실무경험 전문가의 의견 수렴을 통해 해결책에 접근해야 한다.

인적 오류는 산업현장의 지구 어느 곳, 어느 장소, 어느 시간에 구애를 받지 않고, 사람이 많든 적든 간에, 기계와 함께하는 현장에는 오류가 도사리고 있다. 인간오류의 요인은 많은 변수를 가지고 있다. 그 변수에는 사람의 생각, 행동, 의식, 문화, 시간, 수행, 오류, 정보, 인지, 표식 등이 존재하는데 인적 오류의 원인이자 출발점이 되는 것이다.

인적 오류가 발생되는 산업현장은 크든 작든, 가정이든 사무실이든 실험실이든 간을 막론하며, 많은 사람이 이용하는 시설인 병원, 항공, 철도, 지하철, 선박, 원자력발전소, 화학공장, 댐을 관리하는 시설과 전기를 공급하는 전력회사와 가스를 공급하는 곳도 예외는 아니다. 발생의 원인과 해당되는 현장은 바다 밑과 높은 산도 해당됨을 볼 때 해당 요인이 무한지수라 볼 수 있다.

주체가 기계적인 자동이든, 사람의 손으로 움직이는 수동이든 일반적으로 인간오류에 의해 문제가 생기거나 사고가 발생하면 손실과 엄청난 피해를 수반하고 있다. 인적 오류는 시간과 공간을 넘어 세계 어느 설비, 어느 위험한 장소, 어느 시설, 어느 환경에서든 발생하는 것을 볼 때 시간과 공간을 초월하는 단순코드의 분류 정도가 아니라 인간과 기계와 또 다른 인터페이스와의 명확한 매칭으로 최소화할 수 있다.

오류의 형태를 벗어나기 위해서는 어느 시간과 장소를 떠나서 누구에게나 관심과 개선과 노력이 사람 중심으로 먼저 시작되어야 한다. 필요한 방편으로는 작은 개선부터 큰 성과를 거둘 수 있는 시스템이든, 누구나 잘못되어도 사고를 막을 수 있는 풀 프루프(Fool Proof), 실수를 해도 사고까지 가지 않는 실수 안전(Fail-Safety), 위험에 대한 관리를 해야 하는 리스크 관리(RM: Risk Management), 인간의 신뢰성 분석(HRA: Human Reliability Analysis), 전기 및 각종 유틸리티의 로그아웃, 태그아웃(LOTO: Log Out Tag Out)이든 사람과의 연관된 에러는 문제가 없어야 되고, 발생하지 말아야 하나 자연적이 아닌 인위적인 문제로 조절되지 않는다. 예방하고, 극복하고, 좋은 결과나 효과가 있으면 인간이 살아가는 세상에 더할 나위 없는 아름다움의 추구이자 목적의 바람이 이상적인 모습이 된다.

안전의 궁극적인 목적인 인류복지 증진을 위하고, 인류행복이 지속되고 인류공영에 이바지되어야 하는 것이다. 산업현장에는 많은 잠재 위험요인들이 산재하고 있다. 어디나 산업현장뿐만 아니라 위험요소를 다루는 곳은 안전의 범위에 미치지 못하거나 과하게 되면 에러가 도출될 수 있다는 것을 항상 염두에 두어야 한다.

위험요인인 불완전한 행동과 상태가 직접적인 원인에 의해 현상화될 때 사고의 잠재성이 수면화된다. 수면화된다는 것은 현실과 과거의 문제점을 가시거리에 둔다는 것으로 문제점을 크게 만들 수 있다. 문제를 관리 및 개선하지 않고 방치나 묵시할 경우 사고는 곧 재해로 이어지는 것이다. 오류는 방치나 묵시된다고 해서 즉시 실수를 가져오지는 않지만 지식과 공유와 인터로크와 시스템에 대한 인프라가 병행되지 않더라도 발생된다.

재해사고의 발생원인이 인간이고, 산업현장이나 작업장에서 근로자 및 작업자의 어떤 실수에 의해 발생되는 것이라고 보면, 재해 사고도 인적 오류에 의한 결과라고 할 수 있다. 세분화하면 인적 오류는 좋은 결과가 아닌 예기치 않은 결과로 수행된다. 결론적으로 불행과 피해와 사고와 희생이 뒤따르게 된다.

　고사성어에 새옹지마(塞翁之馬)도 인적 오류 형태의 일부이지만 나중에 좋은 결과를 가져오게 되는 전화위복의 의미가 아니겠는가?

　인간은 신선한 노동을 근간으로 산업사회에 역군으로 기계와 첨단장비와 각종 시스템과 접하며 산업현장에서 근무하고 있다. 산업현장은 우리가 24시간 중에 3분의 2를 긴장과 스트레스와 체력과 정신을 쏟아붓고 있는 곳이다. 산업현장의 다양한 상황에서 설계, 제작, 조작, 운영, 기획, 통제를 직간접으로 접하면서, 다른 무수한 환경적인 분위기 상태에서도 목적을 달성하기 위한 인간의 노력이 이어지고 있다.

　조직구성원 간에 산업현장의 잠재되고 가시화된 불합리한 부분을 발굴, 제거, 대책, 개선을 세우고, 재발방지를 위한 교육을 실시하고, 의식과 문화로 만들기 위해 여러 가지 도구(Tool)인 시스템과 프로세스를 만들어 필요한 곳에 적용해야 한다. 방법은 유기적인 활동을 통해 여러 가지의 형태로 약속과 규율과 수칙을 지켜 가면서 역할(Role)과 책임(Responsibility)을 가지고 지속적으로 연구, 개선되어야 한다.

　인간은 사회구성원으로 업무와 시간을 병행하면서 목표를 맞추고 성과를 내어, 결과의 효율을 극대화를 추구하여, 실패와 오류의 연속과 불연속으로 인간의 오류를 예방하기 위해 진전하고 있다. 그러나 인적 오류는 한편으로 재해를 수반한다. 로버트 칸토어(Robert Cantor)는 "재해라는 단어를 중국어로 풀이했을 때 '위기(危機)'라는 한자어와 일맥상통한다"고 했다. '위'는 위험을 나타내고, '기'는 기회를 뜻한다. 재해예방은 전자를 최소화하고 후자를 극대화하는 노력이다.

인적 오류가 산업사회와 우리의 생활에 미치는 영향은 각 개인이 생각하는 것보다 훨씬 크고, 넓고, 다양하기 때문에 일부 국가에서는 인적 오류라는 브랜드네임을 가지고 국가적인 지원과 연구 센터활동으로 지대한 관심이 고조되고 있다.

교통사고의 96%, 운전사 과실 및 항공기사고의 80%가 조종사 과실, 산업안전사고 84%가 근로자 인적 오류로 발생하고 있고 과실의 실태를 가져오고 있다. 그 밖의 일반 특수형태의 제조 과정도 많은 인적 오류를 범하고 있다.

80대20의 파레토 법칙처럼 20의 비중이 더 큰 오류를 가지고 사는 현대 시대의 범위에서 기인되고 있는 실정이다. 특히 공학의 학자로서 학문의 지식과 현장경험이 도움이 되어 지금보다는 발전되어 예방과 대책으로 무재해 운영이 되길 바란다. 이 책을 읽는 독자에게 인적 오류를 예방하기 위한 "5가지 **원칙으로 실행률을 높여 보라**"고 강조하고자 한다.

표방한 5가지 원칙이 100%를 예방하거나, 완전하게 해결책을 제시할 수는 없지만 환경이나 분위기를 만들기 위해 기본과 핵심 요소를 실행한다면 오류나 재해가 감소해 현재보다는 향상된 모습이 될 것이라 예측된다.

인적 오류(HUMAN ERROR)라는 주제를 가지고 예방할 수 있는 요인을 5가지로 연관시켜 보았다. 연관성의 방법은 알파벳의 A에서부터 Z의 스물여섯 글자를 아라비아 숫자로 각각 1에서부터 26까지 정한다. 한 단어의 스펠링을 각각 더하면 단어의 합계가 100이 된다. 그래서 5가지 주제어에 해결책을 제시함으로써 각각으로 100점이 총 500점이 된다.

그 단어들은 다음과 같다.

문화의 CULTURE
태도의 ATTITUDE
스트레스의 STRESS
행동의 SAFETY ACT
혁신의 INNOVATE

위 5개의 단어를 중심으로 줄거리를 삼아 내용을 담게 되었다.

5개의 주제어 단어 중에 문화도 있는데, 의식수준도 문화에 포함되는 것이라 본다. 예를 들면 의식 있는 부모는 어린아이에게 "항상 길을 건널 때는 어른의 손을 잡아야 한다"고 가르쳐야 한다. 그러면 아이가 혼자 길을 건널 때 아이는 신호등에 서 있는 어른들보고 "제 손을 잡아 주세요"라고 할 수 있을 정도로 태도의 수준이 높아져야 하고, 문화도 세대 차이를 넘어 수용하는 수준이 쌍방 간에 인식되고 실행되어야 한다. 서로 간에, 너와 나의 구별 없이, 남녀 구별 없이 동일한 문화가 정립되면 안전문화의 구축도 한결 빨라질 것이다.

완전한 안전의 인적 오류 예방을 위해 다섯 가지 요인이 우선 선택과 집중화가 되어야 한다. 과제가 안전한 태도, 안전한 문화, 안전한 행동, 안전한 혁신이고, 스트레스를 해소하는 것이다. 당연하면서도 위험에 대한 예방적인 태도의 수준이 선진국 수준으로 올라가야 한다는 것을 의미한다. 인적 오류에 대한 안전의 다섯 가지가 다양화 및 시스템이 구축되어야 하고, 인간행동에 대한 지적인 수준과 복합된 산업사회의 인적 오류에 대하여 종류별로 연구가 활발해져야 한다. 활발하기 위해서는 오류의 대책에도 법칙이 상존해야 한다. 자연의 법칙이 아닌, 인간이 오류를 범하지 않기 위해서는 인간이 만든 법칙으로 지켜 가야 한다.

사례로 전 미국 대통령 빌 클린턴이 일본에 갔을 때 지도자가 되는 5가지 원칙을 얘기한 적이 있다고 한다.

첫째, 원인에 대하여 자세히 알아야 한다.

둘째, 원인에 대한 현상분석을 하여야 한다.

셋째, 비전을 가지고 대책을 세워야 한다.

넷째, 장기적인 계획안을 가지고 움직여야 한다.

다섯째, 그리고 지지를 받아야 한다고 했다.

이 원칙도 지도자가 되기 위한 문제해결 접근방법이지만, 결과적으로는 원인에 대한 정확한 정보와 현상파악 및 대책을 가지고 있어야 한다. 안전재해 예방의 단계와 거의 동일하다. 인간오류를 제거하기 위한 문화와 태도와 스트레스와 행동과 혁신으로 이야기했다. 오류의 해결요인이 다섯 개로 제시한 결과에 초점을 맞추었다.

결과적으로 인간의 오류방지를 위해 문화는 동참해야 하고, 태도는 올바르게 해야 하고, 스트레스는 해소되어야 하며, 행동은 반듯이 지켜져야 하며, 혁신적으로 활동하여야 한다는 기본 명제를 던지고 있다. 기존의 고정관념과 생각과 틀을 바꾸어야 한다는 원칙이 되어야 함을 전제로 한다.

인간의 오류는 경쟁력의 악이고, 인간의 오류는 기업과 산업체 간에 핵심 DNA이며, 인간의 오류는 개인과 전체에게 영향을 주는 중요 요인이고 추가적으로 개인으로부터 일어나는 발생요인이다. 어느 사회, 어느 기업, 어느 단체, 어느 서비스에서나, 직종에 있는 사업장이나, 어느 현장이나, 가정에서나 삶의 주체는 인간이다. 어른이든, 청소년이든, 경영자이든, 생산 현장의 작업자든, 엔지니어든, 산업현장의 일꾼이든, 인간의 오류는 잠재되어 있고, 언제든지 표출될 수 있다.

어느 장소이든, 어떤 사람이든, 어떤 일을 하든 간에 인적 오류에 관계된 곳과 사람과 작업이라면 이 책을 읽어 보고 도움이 되었으면 한다.

필자는 엔지니어로서 이론과 현장의 경험과 평상시에 가지고 있는 생각과 사상을 서술했다. 그중에 학문적인 부분도 있고, 글에 익숙하진 못한 습작 수준이지만, 어떤 생각과 의식수준을 가지고 쓰게 됐는지 십분 이해를 해주셨으면 한다.

오류도 안전과의 중요성과 긴밀도가 절대적인 관계로 오류에 대하여 사회적·문화적으로 인식이 확산되어 생활화가 필요하다. 요인에 대한 수준의 적응이 향상되는 차원에서 안전의 에듀테이너(교육 예능계)로 산업의 모든 종사자와 현장에서의 위험요인 소속에 근무하는 근로자들에게 오류에 대하여 쉽고, 유익하게 전달할 수 있는 계기가 되었으면 한다.

인적 오류로 인한 다섯 가지 해결요인을 제시함으로써 이 요인에 대한 중요성을 인식하고 사회적·산업적 피해를 최소화하여 우리 생활과 산업과 가정에 도움이 되었으면 한다. 더 나아가 인류 행복 증진에 조금이나마 도움이 되었으면 하는 바람이고, 국가의 안전강국을 위해 노력을 아끼지 않는 국가 안전실무 관계자 및 안전학자, 안전 관련 엔지니어, 연구원, 학생과 여러 독자들에게도 미력하나마 도움이 되었으면 한다.

윤용구 박사

목차

제2장 태도원칙

제3장 스트레스원칙

제4장 행동원칙

제5장 혁신원칙

제1장

문화원칙

제1절 안전의 문화를 선진국처럼 끌어올리는 원칙

1. 자기 삶의 표준 운영절차(SSOP: Self Standard Operation Procedure)를 만들자

독일의 철학자인 임마누엘 칸트는 산책로를 정확한 시간에 걸었다고 했고, 어느 유명한 기업의 경영자는 새벽에 일어나 산책을 하고, 곧이어 그날의 일정을 세운다고 했다.

공통적인 것은 자기 방식이나 나름대로의 운영절차를 가지고 있다는 것이다. 어떤 운영절차인가? 운영절차란 말이 생소하게 들릴 수 있겠지만 쉬운 말로 자기 나름대로의 생활계획을 가지고 있다는 것을 의미한다. 운영절차는 자기 인생의 목적을 향한 방법일 수도 있고 수단일 수도 있다. 실질적인 운영절차의 정의는 계획적인 상태에서 실행을 해 보는 것이다. 자기 인생 및 하루일과 혹은 어느 기간 동안의 세워 둔 목표를 향해 자기 자신에게 일정화(一定化)를 시키거나 시간에 동기부여를 주는 시간을 말한다. 일정화는 시간과 자기와의 조화와 주변과의 정확한 조율로 자기와 시간과 환경이 중요한 3요소가 필수이다. 자기 자신이 주체가 되어 목표를 확고하게 하는 것이다. 자기의 일정화나, 표준화나, 기준화라는 것은 자기 인생에 후회 없는 삶과 자아 가치를 실현하기 위함이고 인류복지 증진을 위한 개인의 표준, 즉 정도(精到)로 살기 위한 기틀을 만드는 것이다.

산업현장의 작업과 작업을 하기 위한 프로세스에 대하여 가장 중요한 부분은 표준의 진행 여부에 따라 진행하는 것이고 순풍이 아닌 역풍의 개념인 사고로 지연이 되는지를 실행의 승패를 가름한다. 그래서 표준 운영은 약방의 감초처럼 중요한 부분이다. 어느 부분에 기준과 작업방법에 대하여 얼마나 운영절차대로 준수되는지를 계획하고 실행하고 체크하고 확인해야 한다. 만약에 작업의 순서 및 절차를 무시하면 아무리 빠른 스피드와 완전한 끝맺음이라 하더라도 대단한 결과 유무는 기대하기 어렵다. 엉뚱하고 판이한 성과와 결과를 가져올 수 있다. 표준 운영은 우리가 정한 부분적인 항목의 정도에 대한 기준을 가지고, 바르고 완전하게 지켜 가기 위한 절차나 작업기준이 해당되는 것이다.

안전에 관련된 부분이라면 리스크나 위험요소가 해당된다. 오류라고하면 인간의 행동에서 기인되는 것이 우선이고, 프로세스에 대한 부분이 전체 집합론에 가까울 것이라 본다. 표준 운영 절차는 현장에서 지켜야 할 업무 운영의 기반을 거쳐야 하는 강력한 문서이고, 기준 절차이고 과정이다.

표준 운영절차의 사전적 의미는 "어떤 프로세스 혹은 일에 대한 질(質)로 인한 안전을 보증할 수 있도록 각각 단계별로 하여야 할 행동과 결과를 규정화한 것이다"라고 정의하고 있다.

앨빈 토플러의 『부의 미래』에서 언급하기를 "현재처럼 빠르게 변화하는 것은 기업"이라고 한다. 변화의 적응은 국경을 넘어 가속화되는 경쟁 속에서 살아남기 위한 방법의 하나라고 얘기하고 있다. 인간이 이처럼 빠르게 변화되는 것에 대응할 수 있는 방패는 '문화'가 그중에 하나가 아닌가 싶다. 인간이 문화에 쉽게 적응 및 유지하기 위한 방편의 하나가 곧 프로세스이다.

자신 인생의 멋진 삶과 순풍 달고 삶의 운영절차를 준수하고 실천하기 위해서는 인생계획에 있어 자신에 대한 일정의 진행표가 필요하다. 후회 없는 삶을 위해 자기중심으로 실행 및 운영되고 가동하고 있느냐는 것이다. 확대하여 보면 자신과 함께하는 동료를 더욱더 배가되기 위한 프로세스이다. 시스템으로 자기 성장에 맞게 수준을 높이고 적응시키고 꾸준히 하나의 구성요소에 블록과 블록이 맞도록 시간과 노력과 결과를 위해 진행의 여러 요인들을 융화적으로 진행시켜 나가야 한다.

우리 스스로가 운영을 잘하고 있다는 것은 일정화(一定化)를 자신 운영의 프로세스를 습관화한 것이라 말할 수 있다. 자기의 하루를 충실하게 보내기 위한 시간 운영도 부분집합이고 절차의 일부분일 수도 있다. 또 다른 관점은 건강을 유지하기 위한 체력과 기업 운영에 대한 경영자의 생각하는 시간도 내재되어 있고, 의사결정의 부분도 하루일정에 포함되는 운영절차일 수도 있다.

같은 방향으로 계획표를 세우고, 일정을 잡고, 실행을 하는 것도 크게는 운영, 절차에 대한 실행의 표출이다. 자기에 대한 행동의 실수와 인간의 오류를 없애는 과정인 것이다. 초등학교 때 적용한 생활계획표도 자기 실행 운영표의 첫 단계이고, 대학졸업반의 취업반도 취직하기 위해 스펙을 쌓는 여러 가지 자격증과 학점 관리도 사회인이 되기 위한 실행계획의 일부분이다. 스펙에 대한 관리도 중요하고 적응하기 위한 인간의 기본틀과 시작태도로 바로잡혀 있는 것도 사회인으로 출발하기 위한 시발점이다.

직장에서든, 가정에서든, 일하는 현장에서도 표준이 있는 운영절차 및 순서가 진행된다면, 훨씬 발전적이고 미래적인 실행률에 가치를 부여해서 좋은 결과를 가져올 것이다. 일의 프로세스가 되고, 일의 절차화가 된다면 자기 자신이 주인이 되는 진행에 현실적으로 가는 트렌드와 실행 중심의 과정을 현실적으로 느끼고 행동하게 되는 것이다.

가정에서도 구성원이 자기 운영과 절차에 따라 역할과 책임을 가지고, 행복과 질서를 위해 실현하는 것도 소규모의 절차일 수도 있다. 일이 많음에도 불구하고 어느 곳에서는 일사불란하게 운영되고 있는 것도 있다.

예를 들면 A 상점은 고객도 적고, 처리해야 할 일도 적어 보이는데도 혼잡하며 분위기만 어수선하고 산만하게 느껴지는 곳이 있다. 그와는 정반대로 B 상점은 고객도 많고 처리할 일도 많을 것 같은데 차분하게 물 흘러가듯이 안정적으로 운영되는 곳이 있다.

A, B 상점 간의 차이에 대한 운영절차는 개인과 조직 속에서 체계적이고 순방향처럼 실행되는 것을 느낀다. 보이지 않는 표준 운영절차를 가지고 움직이는 것이며 그 속에는 큰 비중의 프로세스이고, 절차인 것이다. 물류 측면과 원류 측면의 공급사슬 관리(SCM: Supply Chain Management)인 부분일 수도 있다.

조직 속에 들어가 있는 사람은 나름대로 흐름의 운영을 가지고 생각하고 행동하고 있다. 그러나 때에 따라 정확한 운영절차와 수립을 위해 한 발짝 뒤로 서서 보면 무엇이 문제인지를 직간접으로 느끼게 되고, 개선되어야 하는 것을 인지하게 된다.

자기 얼굴의 흠집은 못 보고 남의 흠집은 잘 보는 것과 같은 것이다. 덧붙이면 숲 속에 있으면 나무는 보지만 숲을 보지 못하고, 숲 밖에 있으면 숲은 보되 나무를 보지 못하는 것과 같다. 산업현장의 인적 오류도 아는 만큼만 보이고, 행동하고, 생각하게 된다. 단기성이고, 임시 조치성이 아닌 것은 롤링계획으로 운영되어야 한다. 롤링계획은 계획(P: plan) → 실행(D: do) → 점검(C: Check) → 행동(A: action)이나 3단계인 보고(see) → 실행(do) → 목표(it) 등으로 일의 진행과 속도를 위한 지속유지 및 연속성을 가지고 발전을 기반으로 운영될 수도 있다.

조직 안에 흡수되면 오류의 많은 절차 속에 에너지와 시간과 스트레스의 가중 속에 묻혀 지내고 만다. 더욱이 운영절차의 순서가 필요하다는 것조차 피부로 느끼지 못하고 있는 것이다.

결국은 개인의 자기, 조직의 개인, 사회구성원의 조직인 중에 운영절차가 없는 조직은 도태되거나, 만연되어 시대의 흐름에서 잊어 가기도 하고, 쇠퇴하기도 한다. 쇠퇴하는 조직은 과거의 구태의연한 습관과 경험과 과거의 반복이 주된 원인이다. 운영되는 부분적인 흐름의 일부분이 전체 변하지 않는 것처럼 체인의 연결고리에 묶여 있는 것이다. 흐름 해결의 방안을 두 가지로 제시한다.

하나는 운영절차가 있는데, 조직의 구성원이 프로세스에 의해 움직이고 스스로의 의사결정권을 가지고 운영되어야 하는 것이다. 다른 하나는 운영절차 없이 과거의 답습처럼 돌발이나 그때그때의 문제 발생 시 어려움으로 부딪혀 가면서 처리해 나가는 방법이다. 잘 지켜지지 않는 방법보다는 현실적이고 단기적인 문제라도 프로세스를 타야 한다.

발전적이고 미래 지향적이고, 만인의 관점이라면 지금보다도 발전적이어야 한다. 로스나 실수 없이, 충실하게 운영절차를 가지고 가거나, 지켜지는 것이 개인이나 조직이 업그레이드되는 것이다. 지속적인 발전은 어느 관점이든 접점이든 상관없이 고객 중심으로 리뷰가 되고, 향상되느냐가 관건이다. 운영절차의 패턴은 표준 운영절차가 근본인데 일하는 곳에서 흐름은 기본적으로 되어 있음을 가정하고 생각해 보자.

현장에서의 문제가 생기면 재발 방지를 위해 기초 자료를 확보해야 한다. 기초자료는 분석의 기본이고 대책의 일환으로 시작되는 시발점이다. 안전의 경우에 자료의 근간은 기준과 지침과 규정들을 포함한다. 더 중요한 것은 표준으로 운영되는 절차서이다. 작업자가 작업 표준서에 의해 작업을 하고, 엔지니어는 사전예방과 고장 수리를 위해 설비 표준서를 근간으로 운영되는 것도 사례가 되는 것이다.

전문적인 표현으로 표준 도구(Specification Tooling)란 말을 사용하는데 사고가 발생하거나 문제가 생겨 분석하면 프로세스 모드에서 거론한 부분이 수행되지 않고, 관리는 소홀히 되고, 기준과 표준에서 벗어나는 원인이 된다. 문제가 되어 불합리를 찾게 되면 지적이 된다. 그곳에는 변명의 반대자와 옹호자의 대립, 즉 운영절차에 새로운 추구를 변모하려는 사람과 구태의연한 기존 방법을 운영하고자 하는 그룹으로 나누어지게 된다.

결국은 변명의 옹호자와 과거의 방법을 가진 자들의 변명과 답변은 보편적이고 일률적이다. "기준서가 없어요", "기준이 불합리해요", "기준이 미흡해요", "기준서 없이도 잘해 왔어요", "경험으로 했는데 이것이 필요한가요"라는 식으로 변명 및 해명으로 일관된다. '이런 거 없어요'의 '변명론'은 현장의 문제점을 해명식의 문제해결이 아닌 실행력 중심으로 접근해야 한다.

작업자는 모르고 할 수도 있다. 관리자 역시 아는 만큼 보이기 때문에 모르고 지나칠 수 있다. 일의 성격에 따라 엄청난 피해와 재해를 가져올 수 있다는 것을 내포한다. 기준이 있다고 해서 기준이 실질적인 문제를 모르고 실사구시가 안 된다면 요행을 바라고 한 것이 된다.

가령 "누구의 기준으로 작성된 것이냐"라고 질문했을 때를 가정해 보자.

상사와 부하직원의 차이가 있을 것이고, 전문가와 비전문가와의 차이가 있을 것이고, 현장직과 사무직과의 차이, 기존사원과 신입사원의 차이가 있을 것이다. 차이에 대한 기준의 작성은 잘못된 것이고, 수정이 신속하게 되어야 한다.

기존 운영했던 사람과 새로운 방법으로 운영할 사람과의 차이가 결국 사고의 갭을 가져오는 문제의 갭이 되는 것이다. 전문적인 차이는 있을 것이다. 전문적인 차이도 미세문제에 봉착하지 않도록 완벽한 기준이 일치되어야 한다. 일치는 완벽한 제로 갭(Zero-Gap)이 되어야 한다.

과거 사례이든, 표준화이든, 시대의 흐름에 따라 차이를 달리할 수도 있다. 문제에 대한 표준 운영 절차는 뜬구름 없는 허구성의 내용보다 명확한 실구름처럼 규정되어야 하고 디테일의 힘과 잠재력에 대한 부분까지 반영되어야 문제해결의 전제 조건이 된다.

가정에서 오류의 발생원은 크고 작은 것까지 발생하는데 가장(家長)으로부터 어린 막내 가족구성원까지 역할과 룰을 가족 간에 약속에 따라 준수를 수행하지 않아 발생된다.

예를 들면 가스레인지를 사용하면 기본적인 절차로 밸브를 열고 닫는 것은 사용자 원칙에 의해 실행되어야 하지만 집에서는 아내가 관리를 해야 한다. 운영에 필요한 누수나 고장에 대한 건은 가족 누군가의 협조 하에 책임을 지고 이루어져야 한다.

간혹 정기적으로 누수에 대한 점검관리는 가스 점검회사나 가스공사가 하고, 집 안에서는 좀 더 아는 사람이 문제가 있을 때 윈-윈(Win-Win)하는 룰과 책임을 정하는 것과 같다. 며칠 전에 아는 분이 "옆구리가 불편하다"고 해서 "왜 그러냐"고 물어 보았다.

그랬더니 그분은 딸이 셋이 있는데 딸들이 등교 준비를 하면서 머리를 욕조에다 감고 헹구면서 거품과 비눗물이 욕조와 바닥에서 제거되지 않은 상태에서 화장실에 들어갔다가 미끄러지면서 욕조에 부딪쳤다고 했다. 욕조의 비누나 샴푸는 사용한 사람이 뒤처리를 해야 한다는 사용자 원칙에 의해 가족구성원은 "누구나 사용 후 각자가 뒤처리를 깨끗이 해야 한다"라는 운영절차가 필요하다.

방지를 위해서 개인과 가족 간의 책임과 역할을 명확히 한다면 인간오류사고의 직접과 간접은 사전예방과 사후예방을 최소화할 수 있다. 그 내용에는 회자되고 있는 역할과 책임(R&R: Role & Responsibility)이 분명히 정해져야 한다. 아니면 명확하게 안전의 위험요소에 대하여 가족구성원이 인지하고 가족의 수칙, 즉 가칙(家則)을 만들거나 가약(가족 간의 약속)을 했으면 사전에 예방할 수 있다.

표준 운영절차는 어느 일을 처음부터 끝까지 진행하고자 할 때 어느 부분에 역점을 두어야 하고, 어떻게 진행을 하고, 역할과 책임에 대하여 염두에 두어야 한다. 한 스태프가 진행 시마다 핵심 포인트와 핵심 요인에 집중관리를 하고, 체크하고 진단하고 확인하는 과정으로 보면 되는 것이다.

안전부분이면 안전의 중요요소가 준비되었거나 확인되었는지, 품질 부분이면 진행 중에 불량의 발생요소가 생길 수 있는 요인들에 대하여 철저히 확인하고, 짚어 보고 가는 절차이다.

아프리카에서 한 단어가 90개의 의미를 가진다고 가정해 보자. 일반화되거나 공식화된 부분은 의미를 가질 수 있지만 깊숙이 내재되어 있는 의미는 인지하거나 표현에 대한 상이한 점을 간과될 수밖에 없을 것이다. 현장이나 가정이나 어느 사업장이든 예외 없이 적용되지 않는다면 문제가 된다.

우리 인생에서 계획을 세우고, 더 나아가 연간 혹은 3개년, 5개년, 10개년으로 인생의 목표와 실행을 계획을 세운다. 실천하기 위한 운영절차를 세우는 것은 목표에 정확하게 접근하기 위한 프로세스를 진행하는 것이다. 국가이든 개인이든 간에 성공하기 위한 조건 중에는 첫 번째가 국가 및 개인의 비전이 있느냐이고, 두 번째가 국가 및 개인의 경쟁력 요소가 있느냐인데 이 두 가지를 달성하기 위한 근간은 목표를 달성하기 위한 계획력이고 장기적인 로드맵인 것이다.

목표에 대하여 계획대로 실행하는 것은 우리가 바로 눈앞의 정상을 보기 위해 차근차근하게 명확한 도전의 발걸음으로 옮기는 것이다. 할 수 있다는 자신감과 해보겠다는 의지로 문제를 직시해서 접근한다면 내 자신이 실행표를 만들어 움직여 나가는 살아 있는 생각으로 접하게 될 것이다.

회사에서는 사내 법규와 규칙과 지침을 운영하고, 가정에서는 가훈 아래 가문의 전통과 가칙을 운영하고, 정부에서는 갖가지 조례에 대한 법규와 규칙을 지키고 준수하는 것이 꼭 필요한 부분이다. 자기 나름대로의 절차와 기준을 가지고 있는 사람은 없는 사람보다 훨씬 미래 지향적인 사람이라고 본다.

안전경험과 근간으로 완벽한 표준 운영절차를 가지고자 실행한다면 자기 자신의 멋진 인생을 살 것이다. 바른 방향을 위해 7가지 세부사항을 제시한다. 아래 내용을 빠짐없이 관리절차의 원칙으로 추진한다면 더할 나위 없는 멋진 인생을 갖게 될 것이다.

인생을 표준화시킨다는 것은 바르게 살아간다는 것도 있지만 인생의 비전과 미션을 달성하기 위한 자기 인생의 명확한 원칙이 될 것이다.

<인생의 표준을 위한 7대 원칙>

1. 인생의 삶을 위한 세계 최고(World Best)의 명품을 만들자.
2. 내가 살기 위한 일의 최적화(Optimum)를 시키자.
3. 뜻을 명확하게 해서, 누구나 도움이 필요하면 주고받자.
4. 내 자신이 실행하고 있는지 정기적으로 항상 확인하자
5. 사용자의 입장에서 빠진 부분이 없는지 반영하자.
6. 목적과 비전을 가지고 일신 우일신의 확신으로 임하자.
7. 가치의 기준을 지속적으로 향상시키고 평가하자.

2. 문제해결 첫 단추의 실마리는 안전접근 사고방법
(SATW: Safety Approach Thinking Ways)이다

우리가 아는 속담 중에 "첫 단추를 잘 꿰야 한다"거나 또는 "천 리 길도 한 걸음부터"라는 말이 있다. 처음부터 시작에 대한 동기와 목표의 접근을 어디로 하느냐에 따라 명확한 방향 설정이 되는 것이다. 과거 최초의 달 착륙을 한 아폴로 우주선도 착륙지점에서 70% 벗어나 있었지만 분명한 목표 선정이 되었기에 성공적으로 착륙할 수 있었다고 한다.

처음으로 시작하는 문제해결접근 방법은 요인에 따라 다양하게 접근되어야 한다. 접근방법의 다양성은 어느 관점으로 생각하고 행동하고 의식해서 가치와 혁신의 중요점을 갖고, 시너지 창출의 모티브가 되도록 해야 할 것이다. 기업 측면에서 안전의 사고원인 중에 인적으로 분류하면 인적 오류라는 부분으로 운영되는 사례를 보자.

기업에서 기계를 가동하는 산업체는 기계자체의 가동보다 중요시 되어야 하는 것이 작업자 안전인데 기업 중에는 마치 기계가 먼저이고 사람이 나중인 것처럼 착각하는 사례가 있다. 특히 해외 근로자들을 고용하는 중소 규모의 산업체에서 기업주의 횡포가 심한 것을 보면 사람 중심의 안전이 선행되어야 하는 것이 기본인데 생산이 우선이라고 오판하는 경우도 있다.

자동화 부분은 설비 중심의 장치 산업이라면 설비안전에 인적 사고예방 중심의 풀프루프 시스템(Fool-Proof: 어리석은 사람이 동작을 시켜도 사고가 안 나도록 하는 장치 시스템)으로 우선적으로 접근되어야 하는 것이 안전의 목표이고 미션이다.

기업의 안전에 대하여 기존 방법은 기업마다 무엇을 생산하느냐에 중점을 두고 집중의 안전 우선적으로 문제해결에 접근하였다. 해결을 위한 방법으로 예방대책과 각종 개선과 분임조 활동으로 문제의 싹을 잘라 버릴 수가 있었고, 시간과 능력과 지식의 부족하여 놓치고 지나치는 수가 발생하게 되었다.

발생에 대한 대책의 일환으로 단발적이고 즉흥적인 대안으로 추진하다 보니 근본적인 해결책은 접근하지 않고 눈에 보이는 가시적 부분과 발등에 떨어진 불만 제거하는 즉석 해결하는 식의 조치결과로 운영되었던 것이다.

성과 중심의 결과는 시간적인 결과로 성과물이 누적되는 가시적인 결과를 가져올 수 있지만, 현재에서 안일(安逸)하게 생각하여 나타나는 안일지수(사고에 대한 위험성과 위협적인 부분에 대한 관리의 부재로 나타날 수 있는 잠정적인 사고 건수를 지표화한 것)를 표지할 수 있는 개념인 것이다. 무사안일한 지수가 커지면 커질수록 사고의 건수와는 비례한다.

산업현장의 여건에 따라 안일지수가 사고를 증가하게 하므로 지수가 오히려 가중시킬 수 있다. 설비 관점에서 보면 설비 관리의 욕조튜브 곡선(설비의 초기관리에서는 설비가 정상적으로 동작하기 위해 처음에는 동작조건이 안 맞아 문제가 다발되었다가 시간이 지나면서 안정화되어 운영되다가 부품들이 노후화되고, 그 시점부터는 다시 문제의 발생횟수가 증가되는 곡선을 보여 주는 것)으로 설비 운영 관점에 충분한 검토가 되어야 한다.

설비의 고장에 대한 해결을 위한 근본적인 문제의 접근은 예방적 개선방법인 종합 생산성 보전관리(TPM: Total Productive Maintenance)로 접근하는 방법과 일부 기업들이 결과부터 요인을 분석하고 개선을 실시하는 품질관리(QC: Quality Control)적 방법으로 추구하고 있다.

대기업에서도 설비의 중요성을 인식하고 있고, 설비 고장은 가동과 설비 다운으로 생산과 판매에 많은 차질을 가져온다. 대·중소기업의 많은 경영자들이 설비를 중요하게 관리하고 운영하여야 하는 주체의 방향이고, 의사결정이 필요한 부분이다. 그중에 설비는 TPM이고, 품질은 QC이다. 일부에서는 창의적 문제해결 방법론으로 트리즈(TRIZ), 업무 생산성 향상을 위한 툴로 6시그마인 DMAIC, DMADV, DFSS으로 접근하기도 한다.

```
* TRIZ(Teoriya Resheniya Izobretatelskih Zadach)
* DMAIC(Define Measure Analyze Improve Contol)
* DMADV(Define Measure Analyze Design Verify)
* DFSS(Design for Six Sigma)
```

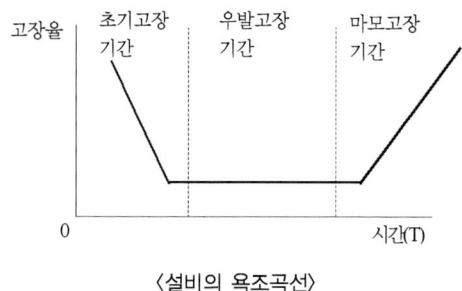

〈설비의 욕조곡선〉

품질관리에서 작은 부품의 세부단위도 질의 중요성을 관리하고 분석하는 것은 동일하다. 최근에 와서는 토요다생산방식(TPS: Toyota Production System)을 적용하거나, 시스템으로 접근하는 기업들이 증가하고 있다. 생산과 품질 개선을 위해 접근하지만 기업의 설비와 생산제품 중심의 물류가 핵심을 이루고 있다. 물류의 로스를 줄이기 위하여 기업 간에도 차별화로 진행되고 있다. 방법이 생산 중심과 품질 중심이라면 두 개에서 핵심축 부분과 중심축 부분은 보완해야 하는 부분이다. 모두에서 다룬 것도 안전을 중히 여기자는 의미에서 언급되었다. 지금보다는 강하고,

심도 있고, 폭넓은 부분으로 보완되어야 한다.

안전의 접근은 기업의 주요 생산품에 필요한 입력과 출력의 요소에 집중되어야 하고 생산하기 위한 주요 인프라 부분에 초점이 맞추어져야 한다. 인프라 요인에는 크게 사람(조직), 설비, 운영, 시스템, 모니터링, 프로세스, 환경, 문화 등이 포함된다. 인자들은 입력요소와 출력요소와 실행과 피드백 요소로 프로세스에 의해 운영됨으로써 수반되는 처리, 절차, 준수, 이행, 관리, 시간, 사람의 공수가 조합적으로 네트워크를 가지고 다기능과 고효율화 측면으로 크로스 작용을 하게 된다.

그러나 그중에서도 역점을 둬야 하는 것이 있다. 인적 오류 접근에 가장 핵심적으로 역점을 두어야 할 요인은 사람 중심이 되어야 한다는 것이다. 기계를 애지중지하는 식이 아닌 사람 중시의 풍토가 되어야 한다. 사람이 경쟁력이고, 사람이 회사의 승패를 좌우한다고 강조하는 얘기도 '사람의 질(質)'에 결정되는 중요한 변수이기 때문이다. 사업주는 "물이 들어왔을 때 노를 저어야 한다"는 고객의 요구에 즉각 대응하는 생산시스템 구축이 주는 모토도 있고, 생산의 일변도(一邊倒)로 생각하는 경영주도 있다.

안전의 잠정적 문제를 중심사상으로 바꾸어 보면 제조업이 생산 현장에서 생산품이 최대로 될 때는 설비도 풀가동하게 된다. 설비가 자동일 때나 반자동일 때나 수동으로 작동될 때는 사람, 즉 작업자의 안전사고 노출이 가장 크게 나타난다. 안전적 접근이 최대치로 표출되므로 생산과 안전과 사람은 삼위일체의 핵심 부분을 고려해야 한다. 산업체에서는 현장 근무자 중심의 안전사고도 안전 중심의 접근 실행이 필요한 실정이다. 접근의 방법이 실제적으로 선택과 중심의 핵심요소인 잠재요인, 리스크 요인, 불합리 요인 방향으로 접근되어 있어야 한다.

안전의 중심, 즉 안전적 접근측면에서 제철회사는 열 관련 접근으로, 자동차산업은 부품과 기계 관련 중심으로, 장치산업은 설비와 자동화 관련 중심으로, 제조업은 사람과 물류 중심으로, 가스와 케미컬 산업은 원재료 중심의 화재와 폭발 관련 중심으로 인적 오류가 맞춰져야 한다. 운영사항을 보면 균형성에 맞추기보다는 편중성에 까닥까닥하면서 불안하게 관리하는 경우도 있다.

경영주의 안전의식과 안전부서의 지식에 대한 무지로 혹은 태만과 무관심으로 접근의 방법을 모르고 요행으로 대책과 조치를 취하는 것은 '무식은 용감하다는 식'의 위험성 접근을 하는 것과 같다. 분명한 것은 잘못된 것하고, 잘하고 있는 것에 대한 방법과 평가를 해줘야 한다는 것이다. 안전을 도수로 평가하는 안전도는 네 가지 요소가 갖춰져야 하는데 반영요소와 재해요소와 잠정적 요소와 위해(危害) 요소가 내재된다.

요소는 관리의 주체인 사람이 어느 곳과 어느 부분을 방식과 방법을 달리하므로 주객전도의 차이를 보이게 된다. 그중에 기술, 관리, 교육, 사람, 설비, 환경, 시스템도 어느 것 하나도 소홀히 할 수 없다. 요소에 대한 부분을 광의적으로 접근해서 세부사항을 도출하는 것이 효율적인 방법의 일편이다. 최근에도 국내건설 H사의 CEO도 "건설업체는 건설만 아니라 인문, 철학, 음악, 여러 분야의 다양성을 갖추라"고 강조하고 있는 것과 같은 맥락이다. 소비자 관점에서, 현재보다 발전된 모습의 비전을 가지는 좋은 예이다.

설비 중심의 보전적 접근과 제품 중심의 품질관리적 접근의 기반을 합리화해야 한다. 설비 중심과 품질 중심에 있어 인간오류의 사람 관점의 발생할 수 있는 다양성에 대한 감소, 억제, 제거 방법을 강구해야 한다. 오류시대에 우리가 살아가기 위한 현명하고 미래 지향적인 인간오류 분석을 위한 로드맵의 실천과제를 수행해야 한다. 인적 오류의 발생적 요인들을 다양화하기 위한 기본 개념은 안전이고, 인간 존중이다.

수면 위에 올라와 있는 문제점(설비, 품질, 납기, 물류, 공정, 안전, 방재, 환경)이나 수면 밑에 있는 문제점(잠재결함, 중결함, 미결함)은 2개의 방식으로 접근하는데 하나는 품질관리 접근이고, 다른 하나는 설비보전식 접근이다. 결국 최종목표는 안전식 접근으로 근접하므로 인적과 물적 문제를 양쪽으로 모색해야 한다. 낮은 단계인 아차사고와 잠재요소와 불합리와 높은 단계인 위험성이 크고, 리스크가 높은 운영이 필요하다.

우리나라도 노동법과 산업안전보건법도 영미법보다는 국민성이 우수한 독일과 일본의 법을 벤치마킹해서 보완한다면 실효성을 거둘 것이라 판단된다. 안전재해율을 줄이기 위해 문제해결의 관점으로 안전예방의 방향과 초점이 맞춰진다면 인간 중심의 사고 예방은 핵심인자 범위 안에 두고 관리하게 되는 것과 같다.

사람 중시가 안전의 기본사상이며 활동 및 점검의 목표는 무재해로 인한 무사고, 무공해, 무재해를 달성하여 인류의 복지를 증진하고 사람이 안전한 복지를 누리기 위한 미션으로 가야 한다. 안전은 절차이다. 절차를 지키는 것은 안전을 지키는 것이다. 기본절차이자 중간절차이고, 마지막 절차이다. 그런 만큼 처음부터 끝까지 잘 준수하고 실행해서 안전접근이 되어야 한다.

3. 눈 관리(Eye-Marking)[1]를 소홀히 하지 마라

어느 누구나 회사를 처음 방문하게 되면 자세한 안내간판의 눈 관리 표식(Eye Marking)을 보게 된다. 눈 관리의 인식에 따라 회사의 안전에 대한 관심도가 높고 낮음을 간접적으로 알게 된다. 눈 관리로 표기한 부분에는 교통의 눈 관리, 건물의 안내 눈 관리, 안전을 위한 명확한 표식, 장애자를 위한 청각장치와 촉각장치와 휠체어에 대한 배려의 안내표식

---

1) 눈 관리란 육안으로 점검되도록 안전 차원에서 표기되는 것을 말함.

등으로 시각의 중요성을 불편 없이 운영하고 있음을 알게 된다. 경우에 따라 가정집에 초대받아 현관입구에 들어설 때도 집 안에서의 분위기에 따라 무엇에 관심이 있고, 가족들의 관심이 무엇인지 쉽게 눈으로 확인할 수 있는 것처럼 집 안의 작은 눈 관리의 힘이 큰 힘을 낼 수 있듯이 집 안의 분위기를 좌우하는 것만큼 눈 관리가 중요하다.

일반 눈 관리 표식은 자주 찾는 고객이나 용무가 있는 내방객 들이 시간과 행동과 인식을 하는데 여러 번의 문의와 잘못의 행동을 범하지 않고 자연스럽게 인지하고, 시간을 낭비하지 않고 쉽게 찾는다. 표식의 일차적인 목적은 편안함이고 더 나아가 고객이나 사용자가 안전하게 사용하도록 하는 것이다. 회사에 대한 안내표식이 잘 되어 있으면 세밀하게 눈 관리가 운영하고 있음을 직간접인 표식을 통해 시각적으로 짐작할 수 있다. 안내자 없이도 쉽게 당황하지 않고 안내간판의 지시에 의해 목적대로 수행하게 된다. 그렇게 해서 느끼는 인식은 방문한 사람이나 일을 수행하는 사람 또한 편안하게 사무실을 찾고, 사람을 찾게 된다.

최근의 사례가 영화관에서 영화 시작 전에 비상대피로에 대한 설명과 대피에 대한 눈 관리 표식의 안내는 그만큼 우리나라의 방재의식의 향상과 경험을 통해 화재에 대한 인식이 많이 부각된 것이다. 방재에 대한 수준이 높아졌다는 것을 의미하지만, 전반적으로 보면 국민의 안전수준, 안전의식, 안전태도, 안전정서와 소통은 안전문화 측면에서 보면 수준은 높다고 얘기할 수 있을까?

같은 형태의 눈 관리가 지시형이든, 알림형이든, 수행형이든, 숙지형이든, 유도형이든, 절대적인 명령형이든, 청유형이든 불편 없이 수행되어야 본질적인 목적에 도달한다. 보통 사람들이 받아들이는 정도에 따라 수행 중심의 지시계일 수도 있다.

우리가 일상 접하고 있는 방향성의 지시형이나 안내 표식판을 전 세계적으로 사용하고 있는 나라의 특성으로 하는 체계적인 문화의 표식으로 하면 어떨까 하는 생각이 든다.

문화의 표식은 한국의 특화형태로 한복이든, 호랑이든, 제주도든, 한강이든, 김치든 구분하는 것은 어떨까 생각이 든다. 내용과 이해도와 사용성에 따라 눈 관리의 표현은 달라지게 마련이다.

일의 성질에 따라 다른 차원의 관리는 일의 첫 번째 기본 절차이다. 산업현장의 눈 관리 표식의 안전부분에는 중요한 1차 준비상태이며, 처음 준비상태의 빠져서는 안 되는 핵심부분이다. 그 사례는 식당에서의 일체화된 복장, 생산업체의 동일한 작업복, 일체화된 군인들의 제복들은 우리가 하나로 된 목표를 갖추기 위한 눈 관리의 처음 의식절차라고 보면 될 것이다. 필요한 현장은 작업자에 대한 일의 밀집도와 일의 형태에 따라 많은 관계를 가지고 있다. 많은 관계가 우리가 1차 형태를 갖추어야 하는 다각도 측면에서의 가시적 눈 관리 표식으로 시작해서 실효성의 눈 관리가 되어야 한다.

운전자가 고속도로를 주행하는데 눈 관리 표식이 필요한 곳에 일부 안 되어 있다고 보자. 예를 들면 급경사, 급커브, 야생동물 출현, 안개 끼는 곳, 사고 많이 나는 곳, 낙석 등이 생략되어 있다면 현재의 상태보다는 안전사고의 비중이 크게 나타날 것이다. 오고 가는 운전자들의 시각적인 인지 부족으로 발생될 수 있는 사고의 수가 빈도가 많아질 수 있음을 예측할 수 있다.

그 예는 가정에서도 안전사고가 잠재되어 있다. 잠재된 대부분은 문과 베란다 및 주방과 목욕실이 주된 사고의 요소이다. 문은 신체의 협착, 베란다는 가이드의 낮은 높이로 인한 유아들의 추락사고의 주된 발생원이다. 주방은 밸브개폐로 인한 가스의 화재, 목욕실은 미끄러짐으로 인한 신체의 골절과 탈골을 초래해서 안전 차원에서 눈 관리 손길이 필요하다.

그예로 회사동료의 부친이 욕조에서 넘어지면서 머리를 부딪쳐 운명을 달리한 부분을 보면 쉽게 넘어갈 부분은 아니라고 본다. 대책으로 가족들이 인지하거나 예방한다고 안전깔판이나 보조도구를 부착해서 바닥과 손잡이부분을 보완했다고 완전한 대책은 아니다. 근본적인 부분은 욕실에 대한 디자인부터 인간 공학적인 부분과 안전의 예방적인 조치가 되도록 다수와 소수인 경우를 포함해 해결의 방법과 수단이 병행되어야 한다. 다수는 소수의 부분까지 소수는 다수의 부분 중에 빠짐없이 서로 간의 공유와 기본준수가 되어야 한다.

일본의 경우는 욕조에 대한 실버 안전 대책이 세워져 있는데 그 방법은 욕조 위에 삼각형 모양의 손잡이를 설치해서 사용하기 편하게 하였다. 노약자 및 신체장애자도 가정에서 혼자의 힘으로 이용하도록 하드적인 운영시스템이 보완되어 있다.

산업현장에서는 안전의 필수 요소인 눈 관리 표식으로 착용의 안전성을 인식시키고 있는데, 신체부분을 보호하기 위해 안전모, 안전벨트, 안전화, 안전보호구, 안전귀마개, 안전앞치마, 방진복, 토시, 방열복 등을 착용토록 컬러화해서 눈에 띄도록 하고 있다.

눈 관리는 산업현장에서 인명의 안전사고를 미연에 방지하기 위해 중요하게 다루는 곳도 없을 것이다. 중요성을 감안하면 무언의 표식이 눈 관리이고, 눈여겨보아야 하는 것도 눈으로 표지되어 있는 일종이다. 눈 관리를 숙지하고, 의식화하고, 인지하고, 행동하는 것도 문화의 여건이다. 눈관리는 의식이며, 부분 활동으로 시작하여 전체가 참여하는 운동이다.

눈 관리는 교통이나 일상생활, 실험실이나 작업실에서도 중요하게 생각하고 있으며, 소홀히 할 경우는 인명이나 폭발이나 화재를 가져오는 사고의 발생원이 될 수 있는 것이다. 작게는 화학약품을 다루는 실험실이나 분석실에서 다량의 화학품과 가스의 제조업과 가스와 케미컬을 다루는 현장의 유지 보수를 하는 작업자도 필요와 충분의 요소에 빈틈은 없는지와 준수해야 할 부분이다. 약품에 대한 물질안전공정자료(MSDS: Material Safety Data Sheet)는 약품을 다룰 시 숙지해야 할 16개 중요성을 내재하고 있어 숙지해야 할 부분이다.

지켜야 할 것은 철저히 지켜야 하고, 착용해야 할 것은 자기 신체 보호를 위해 준수해야만 한다. 자기 신체의 존엄성을 지켜야 남들의 신체 보호에 관심을 갖게 되고 격려와 관심으로 안전하게 보호받을 수 있게 된다. 산업현장에서 눈 관리의 허술함과 소홀함이 작업자들에게 사각지대의 현장으로 문제점으로 많이 도출되고 있다.

가끔 운전하다가 공사도로를 지나가게 되면 완전한 작업복도 아닌 청바지 차림의 작업자를 보게 되는데 작업 시작하는 곳에서 기준 형태의 깃발도 아닌 알림 정도의 깃발을 가지고 우회하라고 수신호를 한다. 작업이 야간이거나, 교통량이 많은 곳이거나 속도가 있는 도로라면 위험천만의 작업의 형태를 가지고 있다. 고속도로에서는 속도 및 영역이 있어 관리하지만 일반 도로에서는 안전관리 없이 관리하는 곳이 적지 않다. 일본의 경우는 도로변에서 작업을 하게 되면 두 사람이 한 조가 되어 정확한 작업 주의(主意) 깃발을 가지고 처음과 중간과 마지막까지 작업의 끝자리에서 작업의 안전성을 위해 교통안전과 작업관리를 철저하게 병행한다.

선진국은 작업 시 작업복의 규제가 있어, 가스작업도, 도로작업도, 전기작업도 작업의 종류에 따라 작업복의 형광색에 어떤 작업복을 입게끔 규정화되어 있다. 불편하지만 고객과 시민을 위한 눈 관리인 것이다.

우리의 일반적인 눈 관리는 보편화되어 있지만 표준화·기준화가 필요하며 사람 측면의 오류가 접할 수 있는 눈 관리를 어떻게 어느 부분에 적용해서 안전의 사전예방 부분의 많은 연구와 노력이 필요하다. 작업 현장에서의 눈 관리 표식의 일반적인 부분만 한번 숙지해 보자. 우리 국민처럼 눈 관리에 대한 표현과 눈에 대한 처세성이 많은 단어를 가진 나라는 없을 것이다.

남에게 뒤지지 않는 눈치작전, 모임이나 경조사에 눈도장, 한번 보면 쉽게 따라 하는 눈썰미 등으로, 눈 관리도 우리 국민이 쉽게 적응하고, 먼저 표출함으로써 남보다 먼저 실행률을 높이는 민족일 것이다. 눈관리는 여러 가지 눈의 잣대에 근간을 두고 있는데 일일이 치수와 잣대를 잴 수 없을 시 아이마킹이라는 눈으로 기준을 볼 수 있도록 표식을 해놓는 것을 말한다.

눈 관리의 작은 실행은 어린아이의 생활계획표를 책상에 붙이는 것으로부터, 시험을 두고 책상에 디데이(D day)를 표식해서 시험생의 긴장함을 더하게 하는 경우도 있고, 건설현장의 볼트도 모두 조였는지를 볼트와 너트 사이에 일자 표식을 한다.

이것은 시간로스를 없애는 방법이기도 하고, 눈 관리에 충실하게 기여하는 것이다. 눈 관리의 습관은 자기 자신과 주변을 오류에 범하지 않도록 성숙의 단계로 진입하기 위한 정도(正道)임을 알아야 한다.

4. 조직의 특별한 행동강령을 만들어라: 소속감을 강하게 한다

사건과 사고가 문제화되면 발생요인을 찾아 대책을 세우고 횡전개(수평전개)를 실시하여 재발과 확산을 막는 것이 일반적인 산업현장에서의 문제해결 프로세스이다. 쉽게는 사람과 방법과 수단과 설비와 환경관점으로 원인에 대한 분석을 한다. 세부적으로 접근하면 문제해결하기 위한 여러 방법 중에 오류 측면에서 보면 첫 번째가 사람이고 조직이고 심리이고 환경이다.

오류의 원인으로 요인을 분석하면 인지, 무지, 생략, 시간, 수행과 순서로 분석하는 안전학자도 있다. 그중에 가장 중요한 부분이 조직이다. 조직은 대규모이든, 소규모이든 간에 운영하기 위한 사람의 의존성이 절대적으로 필요가치에 의해 운영·관리되어야 하는 인적 모임이다. 예를 들면 오류가 발생되면 크게 문제가 되는 시설이 있다. 원자력발전소, 비행기의 관제탑, 선박, 병원, 전력공급하는 발전소, 상수도중앙 통제실, 제철소, 석유화학 단지 통제실 등은 사람의 오류의존성이 우리가 생각하는 것보다 훨씬 리스크가 크다.

조직은 부서원마다 의식과 행동의 차이가 중요한 요인이고 행동결과의 중요한 결과치를 가지고 있다고 본다. 어느 사업장에 A공장과 B공장이 있다. 같은 인력 자원이고 생산이나 설비의 수준은 유사한데 이상하게도 A공장은 D(산재사고)급이나 E급(사고가 날 뻔한 아차사고)이 없는데 반하여 B공장은 자주 사고가 발생하고 있었다.

가장 큰 문제는 작업자 관련 요인이었다. 요인은 작업방법과 작업환경과 작업조건과 작업운영과 작업동작에 대한 차이가 있었던 것이다. 절차와 프로세스의 상이한 부분도 있었지만 사람에 대한 부분이 핵심의 쟁점으로 이슈화됨으로써 사람에 관계된 사항이 문제화되었다.

사람에게 있어서 일이나 업무절차에 대한 생각과 행동과 의식과 태도를 기본적으로 가져야 오류발생이 줄어들게 된다. 기준과 표준과 지침은 결과의 중간단계로 목표의 방향과 형태를 갖추고 준수해야만 실행률의 결과를 향상시킬 수 있다. 작업 시 작업자의 인적 오류 잠재요소를 행동강령으로 몸에 배이게 하기 위해서는 세 단계(작업 전/작업 중/작업 후) 중의 첫 번째인 작업시작 전에 행동강령을 잘 시행하도록 첫 번째 단추를 잘 끼워야 한다.

행동강령은 산업안전에 재해예방 대책의 일환으로 안전작업을 할 작업자들이 안전에 대한 위험성을 서로 간에 인지하기 위해 다짐하는 정신무장의 행동의식이다. 안전의식의 일환으로 실시되는 것이다. 불안전한 행동으로 사고를 미연에 방지코자 근본적인 위험설비 보수 및 안전작업이 요구되는 사항에 대하여 터치 앤 콜(Touch & Call: 안전작업을 하기 전에 팀원들이 안전사고가 날 수 있는 핵심부분을 전체 인식해서 위험성의 요소를 공유하고 안전작업을 하는 행동)인 행동구호를 제창한다. 때와 장소에 따라 툴 박스 미팅(TBM: Tool Box Meeting)도 실시함으로써 안전 현장에서의 문제가 될 수 있는 사항을 즉각적으로 현장 중심 해결로 추진된다. 정보를 공유함으로써 자유스럽게 역할과 주의사항을 인지하게 하는 것이다. 결국 안전의식은 구성원과 함께하는 안전 문화를 형성하고 있어야 한다.

행동강령은 작업자의 의식과 작업에 임하는 자세와 확고한 업무수행을 위한 것이다. 정신무장을 하기 위한 안전의 동기 부여 시발점이자, 서로의 안전 상생과 안전 작업을 완전하게 마무리하기 위한 작업자의 행동 의식화이다.

미국의 유명한 장군인 조지 패튼 장군도 "전쟁에서의 무서움은 날카로운 칼과 총이 아니라, 병사들의 예리한 눈과 마음이었다"라고 했다. 병사같이 조직원들의 눈과 마음이 한 방향으로 가는 것처럼 중요한 것이 없다는 것을 시사하고 있다.

조직은 리더의 얼굴이며, 팔, 다리이다. 역설적으로 보면 리더는 조직의 방향이며 목표이다. 조직과 리더는 한 방향으로 가야 하며 행동도 같아야 한다.

행동강령은 조직원의 해야 할 방향을 역점을 두고 지켜야 할 도리이자, 규범, 개선운동이며 행동의 의식화 운동이다. 안전 행동은 작업 1단계인 안전 작업자의 직무수행을 할 수 있는 첫 단추이다.

오류예방을 위한 행동강령을 알아보자.

<오류 예방을 위한 행동강령>

1. 계획(P) → 실시(D) → 확인(C) → 실행(A)이다.
 · P: Plan, D: Do, C: Check, A: Action
 · 간략한 방법인 보고(S) → 실시(D) → 확인(C)이다.
 · S: See, D: Do, C: Check
2. B.M(사후예방)보다 P.M(사전예방)이다.
 · BM(Breakdown Maintenance), PM(Prevent Maintenance)
3. **불안전한 행동, 상태를 제거**한다.
4. 일에 있어 **전·중·후를 확인 및 점검**하는 습관을 갖는다.
5. 일에 대한 **변경점이 재발**되지 않도록 철저히 한다.
6. 일의 **무결점**(Zero Defect)에 최선을 다한다.
7. 일의 **미세사항이 예측되면** 재발방지를 실행한다.
8. 사전에 발생원이 되는 부분은 **기준화로 룰**(Rule)화한다.

행동에 역점을 두고 있는 한 회사를 소개한다. 이 회사는 1973년에 4명의 직원이 시골의 허름한 창고에서 초소형 정밀 모터를 만들기 시작해 현재는 140개 계열사와 직원 13만 명을 두고 매출 8조 원을 내고 있는 일본전산 이야기이다. 『월스트리트 저널』이 뽑은 가장 존경받는 CEO 30인에 뽑힌 나가모리 시게노부 사장 이야기를 하고자 한다.

"즉시 한다. 반드시 한다. 될 때까지 한다."

일본전산은 행동 중심으로 모토를 3가지 두고 있다. 3가지는 문제를 해결하기 위한 존재의 정신이고 행동지침이다. 행동강령은 '지적 하드워킹'으로 정해 움직이고 있다.

실행의 지침으로 3Q(좋은 일꾼: Quality Worker), (좋은 회사: Quality Company), (좋은 제품: Quality Products) + 6기본(Basic: 정리, 정돈, 청결, 단정, 예의, 소양)으로 한 것은 얼마나 좋은 회사와 경쟁력을 갖추기 위해 노력했는지 알 수가 있다.

일본전산의 경쟁력은 6가지로 볼 수 있는데, 사람은 무엇이든 할 수 있다는 자신감을 갖게 하고, 스피드는 배의 법칙과 절반의 법칙으로 운영했다. 동기부여는 편안 회사가 아닌 기회가 주어지는 회사로 분위기를 만들었다. 자부심은 세계 1등이 아니면 하지 않겠다는 정신과 사장의 호통은 진보적 반발심을 가지도록 하는 것과 가점주의를 주어 실패한 사람에게 점수를 더 주는 것으로 특별한 기업문화를 만들어 운영한 것이다.

경쟁력을 높이기 위한 나가모리 사장의 호통경영은 사장 밑에서 일하는 직원들이 주눅이 들지 않을까 이직률이 높지 않을까 걱정되지만 사실은 최저수준으로 운영한 것을 보면 벤치마킹을 해볼 가치가 있다.

실행을 높이는 것과 경쟁력을 높이는 것이 행동강령으로 이어지고 소속감을 높이게 되면 인적 오류의 발생빈도는 줄어들게 된다. 오류와 인간과의 관계는 실수와 심리와의 관계로 비례조건의 결과를 가져온다.

5. 삶의 기본에 충실하도록 프로세스 단계를 준수해라

기본에 충실하자는 것은 목적에 따라 여러 가지가 있다. 기본은 어느 곳에서든, 어느 방법이든, 어느 사람이든, 어느 절차이든 간에 적용해도 지나치지 않은 것이다.

기본은 크게 기본단위에 바탕을 둘 때 중요성을 알게 될 것이고, 작거나 하찮은 것이라도 기본을 무시했을 때는 많은 시행착오를 가져오게 된다. 즉, 사회의 악폐이다. 기본에 충실하기 위한 주체로 학생은 공부에, 직장인은 업무에, 공무원은 국민에, 경영인은 기업과 회사에, 교수는 학생에 성심성의를 다해야 한다. 그렇지 않을 경우 기본의 문제가 발생한다.

기본에 충실치 않았을 때의 결과는 점수는 낮게, 고과는 하위, 성과는 최저, 손실은 최대, 회사는 위기, 사고는 비용 증가, 오류는 물적 및 인적 로스, 재앙은 피해 발생으로 나타날 수 있다.

안전에서 기본에 충실치 않았을 때의 결과는 많은 정신적과 물질적 피해와 사고와 사건을 동반한다. 기본에 충실에 않았을 때의 결과는 예상치 않은 사고와 사건을 발생시키게 되는 원인제공이 된다. 이처럼 기본 지키기를 무시하거나, 등한시 하게 될 경우 생각지 않은 물질적 피해와 정신적 고통을 받게 된다.

우리 사회는 2010년도 산업재해 통계에 의하면 140만 개의 산업체 중에서 한 해의 재해자 수가 9만 8,000명 정도이고 사망자 수가 2,200명에 달하고 있다. 특히 업종별로 보면 제조업과 기타 서비스업과 건설업의 3대 사고가 다발하고 있다. 기본을 준수하지 않아 발생하는 건수는 추락, 전도, 협착순이고, 재해원인의 진성원인을 보면 기본 미준수가 대다수이다.

안전에서 기본 지키기에 몰두해야 하는 것과 파장의 여파가 큰 이유도 그만큼 기본이 중요하기 때문이다. 기본은 지나칠 정도의 무리수와 일의 강약에 따라 다르겠으나 가장 염두에 두어야 할 것이다. 성실하고, 적극적으로 준수하고 시행하고 이행해야 하는 것이 의식이자 문화로 심어져야 하는 것으로 기본의 필요성은 무엇보다 중요하다.

산업현장에서는 더욱 강조되고 있는 부분이 기본이고, 위반 시 사고와 직결되기 때문에 건설업의 산업현장 팻말과 간판과 유사한 표어들이 즐비하게 붙어 있다. 그중에 '착용하세요', '안전 수칙 준수하세요', '우회하세요', '인증 후 사용하세요', '인터로크를 확인하세요', '눈 관리 철저히 하세요' 등과 같은 안전에 대한 공지와 공유, 경고, 준수, 필요에 대한 안내 및 표식은 관심과 의식 차원에서 소홀함이 없어야 한다.

기본은 그 나라의 국민성과 연관된다고 본다. 사소한 하나라도 기본에 충실하고, 원리원칙에 처리하는 것은 중요한 자세이자 의식이다. 작업현장의 설비 점검 시 '기록하세요', '전원 확인하세요', '인터로크는 해지하지 마세요', '접지하세요', '사전 점검을 하세요', '안전 계획서를 수립하세요' 등과 같은 부분은 절대적으로 지켜져야 함에도 불구하고 나하고의 상관성은 없는 것으로 스스로 판단해서 결정하고 있다. 절대 출입을 요하는 곳조차 소홀히 하고 있고, 심지어는 비전문가가 들어가서는 안 되는 위험한 곳도 통제관리가 안 되고 있다면 기본의 프로세스가 없다고 봐야 한다. 비근한 사례가 전기실, 가스실, 중앙 공급의 약품실, 통제실, 전산실, 중앙관리 운영실 등의 '출입 금지'가 한 사례인 것이다. 최근에 학교 실험실에서의 화재나 폭발로 인한 인적·물적 피해의 위험성이 많이 노출되고 발생되어 사회이슈가 되고 있다.

조금만 기본에 충실해서 사전에 위험성의 평가가 되었으면 하는 전문가의 바람도 있고 아직도 시스템과 기본적인 일반성이 뒷받침이 안 되고 있는 우리 현실을 지적하는 실정이라고 보면 된다. 기본과 사전인지의 교육과 실행이 준수가 안 되어 있는 것도 너와 우리 중심에서 벗어나, 즉 나의 일로 생각치 않기 때문이다.

가정에서도, 소규모 공장에서도, 작업현장에서도, 24시간 운영되는 산업현장에서도 밀착 관리를 못해 소홀히 되는 것이 허다하다. 기본은 단순하게 무시하는 문제에서부터 시작된다. 지나칠 정도로 기본에 의한 절차와 기본수칙에 의하여 프로세스를 추진해야 한다. 기본은 남만큼 해서는 되는 것이 아니고 남 이상 되어야 한다.

<기본 충실의 프로세스 5단계>

1단계: 문제를 정확히 이해한다.
2단계: 절차에 대한 프로세스를 인지하고 행동을 수반한다.
3단계: 목적에 대한 책임과 역할을 분명히 하고 장애요소는 제거한다.
4단계: 실행에 대한 자기조절 능력을 유지한다.
5단계: 종료에 대한 거듭 확인, 지나칠 정도로 중복 확인한다.

문제의 문제를 정확히 보아야 한다. 문제의 추측이나 축소, 확대의 오판은 사고 날 수 있는 범위와 발생빈도로 인해 크게 표출될 수 있는 결과를 가져온다. 문제는 한 번이 아니고 지속적인 공통점을 가졌다면 진행 절차를 가시화해서 빈번하게 사용하든, 간혹 사용하든 간에 흐름의 공유는 가장 가까이 접해야 한다. 방해요소에 대한 공유도 함께 병행되어야 한다. 여러 다각도의 방향을 접목시켜 보아야 한다.

기준이 아닌 오차에 대한 기준을 두어야 한다는 것이며 사람 측면에서 정상인 기준에서 또 다른 차원인 장애인 기준으로 배려되어야 한다는 것이다. 정상기준이 아닌 환경에 대한 기준에서 벗어난 경우라면 이러한 환경오차에 대한 기준도 명확히 해야 한다. 함께 가야 하는 '더불어'의 기준이 복합되는 이해의 기준과 삶의 기본에 함께 가야 한다는 것을 의미한다.

시각장애인을 위한 배려, 청각장애자에 대한 배려, 노소약자에 대한 배려, 임산부에 대한 배려, 신체의 불편함으로 이동하기가 불편한 신체장애자이든 간에 장애 부분에 대하여 전체 포용해서 우리들의 이해, 사랑, 배려로 개선하여야 한다. 특히 휠체어에 계단의 높이, 턱 높이에 대한 배려의 깊이가 심화되도록 반영되어야 된다.

하나의 기본 룰을 수립하기 위한 프로세스가 있어야 하고 이에 따른 목적과 목표의 핵심추구가 우선 병행되어야 한다. 프로세스 목적과 핵심추구를 머릿속에 도식화해 보자.

기본 충실 프로세스 5단계는 궁극적으로 사고를 사전에 미연에 방지하므로 인적 오류를 제거하고 큰 사고를 가져오지 않는다. 본질적인 추구는 인간의 행동 기본 지키기에 필요한 부분을 철저하게 준수하도록 실행한다. 프로세스 틀에 문제가 이해를, 절차가 행동을, 목적이 숙지를, 실행이 자기 조절을, 종료가 중복 확인을 수반하므로 프로세스의 목적과 핵심 추구는 주와 보의 관계를 형성하듯 만들면 된다. 다른 동료가 작업을 한다면 현재보다 개선될 수 있는 아이템과 요인들을 반영하고, 향상 의식을 갖는 것이 발전된 의식이다. 발전이 창조를 부르고 창조가 현재의 혁신을 부르고 현재의 혁신이 미래의 발전을 부른다. 그 무엇이 우리로 하여금 어떤 행동과 사고를 가지고 방향과 목적의 명확함과 인지를 가져오는지 철저하게 분석하고 절차화하는 프로세스가 되어야 한다.

인간에게 있어 어떤 학습 능력이든, 문제의 해결 접근이든 사람에게 가장 우선시되어 지켜야 하는 것은 기본준수와 기본행동이다. 우리는 시간과 환경과 물질적인 것에 치우쳐 기본을 소홀히 하고 있다. 우리가 얼마나 기본 지키기에 소홀히 하는지를 인지하고 소중함과 중요성을 깨닫고, 의식화 지키기에 집중화해야 한다.

기본 지키기는 Want 개념이 아닌 Must 개념으로 준수되어야 함을 처음부터 실천해서 몸에 배이게 해야 한다. 처음부터는 모든 일의 시작점이 그어질 때라고 보면 된다. 시작점의 의미는 종료점이나 마침점이 완료될 때까지를 의미한다. 우리가 기초가 없다면 기본부터 하면 된다. 기본도 없다고 하면 초기부터 하면 된다. 초기에 없으면 바닥부터 하면 된다. 처음도 없다고 하면 무에서 하면 된다. 무(無)도 없다고 하면 유를 만들기 위해 생각을 가지고 임하면 된다.

프로세스의 목적과 핵심추구는 프로세스를 5단계 거치는 과정에서 핵심추구인 목표를 정하고 과정이 병행되어 기본 지키기에 인간의 행동 중심으로 이해부터 중복까지 확인하는 과정이 필요한 것이다. 예전에 어느 인터넷상에서 회자정리가 되었던 '되고의 법칙'과 일맥상통한 얘기이다. 긍정적이며, 자신 있게 문제해결 실마리를 찾는 데 도움이 되기 위한 법칙이기도 한 것이다.

개인적으로 원천 찾기 생각을 하면 어떨까 하는 생각이 든다. 많은 사람들이 진보된 발전과정을 찾기 위해 한 단계씩, 한 단계씩 노력해야 한다. 연속의 진행과정으로 긍정의 뿌리 찾기에 진보된 생각을 갖는다면 생각과 문화가 발전적이 될 것이다. 진보된 생각은 우리가 주창 있는 기본과 인간의 행동과 인간의 오류와 프로세스를 지키기 위한 단계와 처음의 기준을 정립하는 것이 무엇보다 중요하다는 것을 언급하는 것이다.

그다음으로 기록으로 남기고, 절차서를 업그레이드해서 동일 작업에 대한 잠재요소가 없도록 동료의식을 가지고 하면 된다. 의식이 연속성을 갖는다면 프로세스는 발전을 갖추게 될 것이다. 산업현장에서 신입사원과 숙련사원 간의 오류를 범하기 쉬운 사례를 항목으로 정리해 본다. 에러를 보완하기 위한 것들이 언제든지 존재하고 무인지하는 곳에 문제의 시발점이 된다는 것을 보여 주기 위한 것이다.

〈신입사원과 숙련자가 범하기 쉬운 에러 환경〉

신입사원이 범하기 쉬운 에러	숙련자가 범하기 쉬운 에러
정보의 과잉으로 혼란을 일으킨다.	억측에 빠진다.
정보의 통합화, 시계열적 처리가 불가능하다.	잘못되는 것을 눈치 채지 못한다.
기억량이 적고 확실치 않다.	잊어버리고 빠뜨린다.
기억이 원활하게 표출되지 않는다.	노는 시간이 많다.
의사결정이 늦어 망설인다.	의식 수준이 낮아진다.
예측할 수 있는 툴이 좁다.	계획대로 작업 수행하지 않는다.
조작이 늦고 매끄럽지 못하며 분주한 상태에 있다.	필요가 없다고 생각하는 것은 수행하지 않는다.
전체 순서가 혼란스럽다.	모르는 것은 남이 나를 가르치지 않았다고 생각한다.
여유가 없고 정신적 긴장 상태에 있다.	어느 정보기술을 익히면 자만심에 빠져 나태함에 빠진다.
정보의 선택이 계획대로 행해지지 않는다.	업무를 적당히 처리한다.
이론으로 접근하니 경험이 없다.	습관적으로 일을 처리한다.
시각으로 접근이 된다.	경험으로 접근하려고 한다.
눈치를 많이 본다.	인간적인 네트워크가 중심이 되다 보니 선배와 동배들의 장단점을 한 번에 익히게 된다.
지도선배의 프로세스를 답습하기 시작한다(장점보다는 단점 관점).	숙련공이 신입사원 때를 언급해서 답습하는 점이 전수된다(장점보다는 단점 관점).
실수나 오류를 없애기 위해 강박 관념에 접하고 있다.	사고를 치면서 일을 배우라고 한다.

제2절 인간의 예방의식으로 수평적인 문화의 원칙

6. 강한 브랜드는 예방(豫防)인식의 지름길이다

현대 사회는 브랜드에 접해 있는 생활이다. 의류나 생활용품이나 가전제품이나 주거용 건물도 심지어는 먹는 것조차 브랜드와 연관이 아닌 게 없다. 의류에는 양복과 넥타이나 구두류, 가방과 펜, 바르는 화장품 등 우리 생활 속에 같이 생활하고 있다고 해도 과언이 아니다. 브랜드는 세대별로 선호도 차이가 있다. 젊은이는 의류제품 브랜드, 입사하고 싶은 회사의 브랜드, 사고 싶은 전자제품의 브랜드 쪽에 방향을 맞추고 살고, 중년은 글로벌 기업에 대한 브랜드가치를 보고 정신적·물질적인 풍족감을 느끼며 외향족으로 표출하는 시대인 것이다. 외향족이라 함은 회사의 브랜드를 보고 투자와 자산의 가치를 높이고, 회사의 브랜드를 고려한 건강과 서비스 산업에 가치를 두고 있다는 표현이다.

브랜드에 대한 의식은 우리의 생활의 일부이다. 집 안에서 사용하는 제품의 상표가 눈에 띄고, 밖에 나오면 입간판이나 길옆에 큰 기둥을 지지대로 삼아 이름표인 브랜드를 가시화하고 있으며 낮과 밤을 주저 없이 소비자인 고객에게 상기하기 위한 방편으로 뽐내고 있다.

산업현장 내 불합리한 문제점을 찾되 단순한 문제점은 신속하게 조치하는 것이 안전의 기본 조치이다. 리스크가 크거나, 확대되어 이차적이고 연쇄적인 반응으로 문제발생의 피해가 클 수 있는 불합리도 있다. 개선 시 개념의 횡전개(전개를 수평적으로 진행하는 것)를 실시해야 효과가 배가된다. 현장의 불합리점과 문제점을 찾기 위해 정기적인 점검과 주제가 있는 테마성 점검을 실시하지만 현장의 환경과 작업자들이 운영하는 조건과 방법이 항상 변할 수 있다. 변할 수 있는 상태에서 즉각 대응할 수 있는 방법은 문제가 있으면 기록 및 표기를 해서 조치할 날짜에 맞춰 시행하는 것이 만연의 걱정을 없애는 방법이다.

변한 것에 차이를 찾는 변경점과 문제부분의 인식과 근간의 기준을 찾는 것은 마치 이론의 근거와 현장, 실장근거의 차이를 줄여 주는 활동이라고 본다. 기준의 잣대를 두고 의사결정으로 신속히 추진하는 방향으로 대응해 나가야 한다.

사건사고 같은 문제를 해결하기 위해서는 사건사고의 해결의식과 동일한 문제의 참여의식이 필요하다. 동일문제의 시너지를 구축하기 위해서는 문제에 대한 정의를 다양성 관점으로 내리고 방법을 다방면으로 접근할 필요가 있다. 결론적으로 문제를 해결하기 위한 것은 의식, 참여, 정의의 삼박자가 필수인 것이다.

동일한 문제, 즉 불합리의 동종, 동일한 문제를 일반적으로 태스크포스 팀(TFT: Task Force Team)을 만들어서 관련 부서 및 관련자들이 모여 목표를 일치시키고 한 방향으로 추진한다. 해결하기 위한 여러 시스템을 만들고 구축해서 해결점을 찾고 프로세스를 지속적으로 활용 및 운영한다면 좋은 시스템으로 갖추기 위한 기반이 될 것이다. 대대적인 조치를 하기 위해서는 브랜드를 관련자가 추진하는 것이 일반자가 추진하는 것보다 30~40%의 적출과 조치에 대한 참여의식이 높아진다.

어니 J. 젤린스키의 『느리게 사는 즐거움』에서 일부 내용을 보면

"40%는 절대로 일어나지 않는 것에 대하여, 30%는 과거 일어난 일에 대하여, 22%는 사소한 일에 대하여, 4%는 어쩔 수 없는 것에 대하여 고민하고 있지만, 정작 4%만이 우리가 할 수 있는 일이라고 한다"라고 언급하고 있다. 이것을 보더라도 중요한 것에 우리가 얼마나 선택 중심의 우선권을 가지고 있는지와 핵심적인 우선권에 대한 선택과 집중이 분산되고 있고, 우리의 행동이 여러 형태로 운영되고 있음을 알 수 있다. 예를 들면 몇 년 전에 일본의 도요타 자동차 생산 라인을 견학을 갔다 왔다. 그 현장에서는 JIT(Just It Time), 라인스톱제, 간판제 등으로 현장의 작업 중에 작업자가 불합리가 발생되면 도요타의 라인의 알람줄을 당겨 생산라인을 멈추게 한다. '라인스톱제'를 적용하고 있어 불량의 신속한 대응과 불량의 재발을 재빨리 막자는 취지에서 벤치마킹해서 우리나라의 일부 제조업체에서도 동일하게 생산라인에 적용하고 있다. 그렇지 못한 일부 작업현장에서는 불량의 문제를 작업자에 의존할 수밖에 없는 형태로 운영하고 있다. 자동차의 컨베이어 시스템이 작업자의 작업에 대한 안전과 제반 여건과 인프라 조건만 구축된다면 어느 생산라인에 실현 못할 것도 없다고 본다.

인적의 오류도 동일 관점에서 보면 아이템마다 브랜드를 만들어 인식시키고, 지속적인 브랜드를 명명해서 운영하면 인식의 전환이 될 것이다. 안전의 브랜드는 어떤 회사의 브랜드보다 가치의 기준이 훨씬 클 것이다. 브랜드는 다름 아닌 현재의 가치를 높이기 위한 다수의 인정에서 발생되는 상태로써 정의를 내리고 있다. 브랜드를 활성화해 보자.

브랜드는 지방자치에서 도(道)와 시(市)의 토산품과 명산품을 제품화해서 경쟁력을 키우기 위해 상품화로 브랜드화하고 있다. 지방자치의 특산물을 특화해서 물, 얼음, 산, 자연경치, 지방의 토산품으로 언론매체의 방송을 다양화해서 가치화하고 있다.

가정에서는 가족의 브랜드를 높이고, 결속을 굳건히 하기 위한 가족기, 가족 심벌 등은 가족여행을 하거나, 가족행사를 할 때 적용하면 좋은 인식이 될 것이다, 조직에서는 팀과 조직을 상징하는 조직심벌, 조직기(歌) 등으로 가져 보자. 조직구성원들과 만들어 적용해 보자. 또 다른 차원의 문화 구축이 되는 분위기가 될 것이다. 작업자가 잘못해서 넘어갈 수 있는 경우보다 캠페인을 하면 의식화되어 있는 작업자로 인해 작업자가 손을 들게 된다. 손들기 운동은 작업현장에서 작업자가 잘못을 해서 불량을 초래하거나, 나로 인해 문제가 되는 것을 양심적으로 손을 들게 하는 선언인 것이다. 기본 지키기에 한 부류로 브랜드 운동의 한 부분이다.

7. 인적 오류 비중을 개인의 삶에 접목해라

미국의 유명한 과학출판인 존 브록만은 저명한 과학자들에게 "지난 2,000년 동안 인류의 위대한 발명품이란 질문에 사이버 문화전문가로 꼽히는 저술가인 더글러스 러슈코프는 '고무지우개였다'라고 했다"는 것을 인용했으며, 여기에 컴퓨터 'del key'와 수정액, 기타들이 있었는데, "인간의 실수를 수정하는 모든 것은 모두 꼽고 싶다"고 했다.

인간의 실수는 어느 환경에서든지 있을 수 있다. 인간도 신뢰성 측면에서 보면 반복의 횟수로 인해 반복의 오류를 범하고 있다. "실패의 거울이, 성공의 열쇠를 가져온다"고 일반화되어 있는 속담이다. 우리는 실패는 성공의 어머니라고 얘기하고 있다. 인간의 실수, 즉 인적 오류에 대한 경험과 사회에 대한 적응과 적응에 대한 부적응으로 오는 문제의 심각성 등이 다시 시작할 수 있는 기회를 준 것이고, 모든 일에 비중을 높이게 된 것이다.

어느 집단에서든지 조직원의 역할이 중요시되고, 업무수행과 일의 진행에 있어 오류를 범하게 되면 진행하는 일과 현재 추진하는 일에 큰 치명타를 입게 된다. 그만큼 조직원들의 역할과 수행능력의 비중이 커지게 되는 것이다. 피터 드러커가 "이상적인 조직은 스포츠이다"라고 얘기하듯이 스포츠는 불확실성을 가지고 있으며, 수많은 변수가 존재하고, 가변성이 있으며 개인의 경기력에 의존할 수밖에 없는 것을 비유했다. 축구는 공격과 수비로 역할이 나누어져 있고, 테니스는 올라운드 플레이가 되어야 하고, 양궁은 각자 최선을 다해야 하는 조직으로 명시했다. 조직에 있어 인적 오류는 각 개인의 비중과 역할이 그만큼 커지고 중요하다는 것이다.

안전학자인 하겐(Hagen)은 인간오류에 대하여 "인간이 명시된 정확도, 순서 혹은 시간한계 내에서 지정된 행위를 하지 못하거나, 금지된 행위를 하는 것이며, 그 결과 장비나 재산의 파손이나 예정된 작업의 중단을 초래하는 것"이라 정의하고 있다.

인적 오류를 형태별 3가지로 분류하는데, 첫째, 원인수준에 의한 분류로 인지·확인의 오류, 판단의 오류, 동작·조작의 오류로 분류하기도 한다. 둘째, 심리적 분류로 생략오류, 시간오류, 수행오류, 순서오류, 불필요한 오류 등으로 분류한다, 셋째, 인간행동의 과정상 분류로 감지 및 인식, 의사결정, 행동 영역, 행동이나 정보등 주로 프로세스에 기인되어 분류하고 있다.

인적 오류는 안전으로 연계되어 결국 원하지 않은 사고로 이어지고 있다. 하인리히도 안전부분 중 인적 오류에 비중을 두고 있다. 안전 학자인 피터슨은 안전사고의 85% 이상이 인적 오류에 의해 발생된다고 한다.

안전에 있어 사고원인의 분석은 인적 사고와 물적 사고로 나눈다. 발생원에 대한 기인물과 가해물로 나누고 발생형태에 대하여 원인은 직접원인과 간접원인으로 나눈다. 모든 사고 주요원인의 발생원은 사람이다.

설비의 운전도 사람이고 작업의 주인도 사람이다. 현장에서 설비는 사고의 원인인 4M+1E인데 4M 중에는 설비(Machine)를 포함한 사람(Man), 수단(Method), 관리(Management)로 분석되고 있다. 분석 차원에서는 '왜? 왜? 왜?' 분석으로 참원인에 접근하고 있는 프로세스를 사용하고 있다. 모든 문제의 원인은 "아니 땐 굴뚝에 연기 나랴" 속담처럼 분명한 원인이 있다는 발생원의 뿌리원인(Root Cause) 중심의 접근방법이다.

인적 오류에 대한 분석모델의 구축은 여러 가지 인자로 운영과 성상별로 관리되고 있다. 안전사고의 재해를 재해이론으로 접근하는 데 가장 기본은 하인리히 이론이 효시이다.

안전사고의 원인 분석 모델은 6개의 형태로 볼 수 있는데 ① 원인－결과에 대한 모델, ② 진행 모델, ③ 에너지 모델, ④ 논리적인 나무 모델, ⑤ 인간정보 진행 모델, ⑥ 셸(SHEL) 모델로 운영해서 문제의 접근으로 풀어내고 있다. 인적 오류에 대한 분석모델 적용 측면도 다양화되고 있다. 원자력발전소나 철도산업이나 항공산업이나 선박산업이나 첨단산업에서도 문제해결에 도움이 되고 있다. 원인모델의 다각도로 해결접근이 가능하기 때문이다.

우리나라는 인적 오류, 즉 인간과오를 도출하기 위해서는 많은 분석 및 대응이 필요하고 범용적인 광범위한 시스템이 필요하다.

인적 오류만을 위한 연구나 휴먼팩트(Human Factor)만을 위한 연구가 국내에서는 활성화되어 있지 않다. 연구소도 변변치 않고, 연구논문도 저조한 상황이고 이에 따른 교수도 일부 산업공학에서 진행하고 있다. 미래에 인적 오류로 인한 과실을 원인에 대한 사고의 결과로 단정 짓기에는 시급히 구축되고 정립되어야 한다. 실행 차원에서 모든 기업이 안전의 대책으로 적용되어 방지를 위한 국가 차원의 프로젝트 선행이 필요하다.

인간오류나 과오는 다 같은 뜻인데 미국이나 영국은 오류라 표현하고 일본에서는 과오라 표현하고 있다. 안전학자인 스웬 교수는 인간공학적인 접근에 의한 분류 체계로 오류에 대하여 시간과 수행과 생략과 순서 4개로 분석하고 있다.

안전학자인 루스의 분류체계는 가설의 검정과 실험으로 분석하였고, 노만 교수가 분류한 인간오류는 인지와 심리에 대한 분석도 참고할 만하다. 안전학자인 라스뮤센의 인간정보 처리과정의 분류를 의결 사다리 모델로 제시한 경우도 있다. 에러의 분류나 회복을 위한 모델을 제시한 사항이고, 안전 학자인 리즌의 인적 오류 분석도 에러를 함정(Slip)과 실수(Mistake)로 나누고, 위협(Violation)은 관례(Routine)와 예외(Exceptional)로만 분류된 사항으로 인적 요인을 국한하였다.

인적 요인에서 안전학자인 스텔톤, 요한센은 "안전문화, 교육, 스트레스, 교대근무, 피로를 잠정원인과 간접원인으로 나누고 인적 오류의 발생과 대책을 개인과 조직에서의 최적함을 찾아야 한다"라고 제시하고 있다. 국내에서는 일반적으로 사고에 대한 분석을 사전적과 사후적으로 나눈다. 덧붙여 인적행위 개선 시스템이나 인적 오류 분석도구 등을 분석해서 사용하고 있다. 이런 분석은 인적 오류의 인자를 부분적인 연관성을 가지고 분석되고 있지만 만족할 부분의 상관관계인자가 아니다.

인적 오류에서 원인에 대한 영향인자를 도출하기 위해 국내의 사례를 보자. 원자력 발전소가 수행영향인자를 레벨 1에서 4개의 수행영향인자(사람, 직무, 시스템, 환경)를 가지고, 레벨 2에서 10개 인자를, 레벨 3에서는 10개 이상의 주요 인자들을 선정하여 변별력을 높임으로써 선택의 폭을 좁혀 분석의 명확성을 갖기 위해 연구되고 있다. 인자는 해당 업무의 수행에 오류를 발생시키는 핵심관리의 요소를 인자라고 보면 된다.

한국가스안전공사에서는 수행 영향인자를 레벨 1에서 4개의 인자(직무환경, 직무특성, 작업자 특성, 조직 및 사회적 요소)를 잡고, 레벨 2에서 9개의 수행 영향인자를 운영하고 있다. 그중에 일반화의 프로그램이나 일반적인 시스템이나 법칙이 있듯이 일반이 사용화할 수 있도록 일반화도 공론화가 필요하다.

인적 오류에 대한 개인의 인자를 체계화, 분석 및 적용이 필요하다. 개인과 사회에서 인적 오류로 인한 사고나 사건을 사전에 예방하거나 차단함으로써 국가성장발전에 로스가 없도록 함이 바람직하다.

8. 모든 문제해결의 반은 인적 오류가 있다: 차이의 정도를 인정하자

안전에 있어 재해는 있어서는 안 되지만 원하지 않게 발생하고 있는 것이 산업현장의 현실이고 노동산업계의 현황이다. 안전에서 무재해 안전관리를 잘하기 위한 방법 중의 하나는 무재해 지수관리를 잘하는 것이다. 겉으로는 지수로 표현되지만 속으로는 실행력이 우선이다. 노동부나 정부기관 및 기업에서는 안전관리상태를 재해지수의 높고 낮음으로 산하의 안전관리 평가를 한다. 결과는 지수를 가지고 잘한다, 못한다는 것을 기준 잣대로 사용하고 있다. 다른 하나는 문제발생 시 해결접근이나 방법을 프로세스화함으로써 언제든지 적용해서 해답을 찾아 조치하는 것도 중요한 부분이다. 문제의 해결원칙에 인적 오류를 강조한다.

"문제해결의 원칙을 써라."

재해에 대한 해결책은 마치 현장경험을 하고 접근하는 사람과 현장경험 없이 접근하는 사람과는 문제의 발생분석과 위기대응에 많은 차이를 갖게 한다. 이것을 문제 접근하는 차이(DPA: Difference of Problem Approach)

라고 한다. 결국 차이는 정도를 아는 것, 구분을 아는 것이다.

예를 들어 보자, 현장에서 잔뼈가 굵은 현장 중심의 관리자 F 씨와 구조조정으로 본사에 근무하다 지방현장으로 발령받아 일을 하고 있는 관리자 O 씨가 있다. 현장에 문제가 발생되어 대책을 세워야 하는 일로 상사가 지시를 했더니 현장 중심의 관리자 F 씨는 현장 중심의 해결책을 내놓고, 본사에서 온 O 씨는 이론과 흐름에 대한 문제해결 접근을 관리 중심으로 대책을 세우고 있다.

물론 F 씨와 O 씨의 해결책을 종합적으로 정리한 결과가 최적안일 것이다. 결론적으로 일치는 같으나 생각이 다르다는 관점으로 대책 목적 일치, 생각불일치라고 본다.

결과적으로 보면 F 씨는 현장에서의 문제해결의 접근을 하고, O 씨는 관리에서의 문제해결로 접근하는데 이 차이를 곧 현장과 이론에 대한 갭의 차이(DGFT: Difference for Gap of Field and Theory)라고 본다. 대책은 목적일치를 결과적으로 보는 관점이고 원인은 생각 불일치의 관점으로 보면 될 것이다. 대책은 양쪽 다 잘해야겠다고 생각하는 것이고, 문제의 접근하는 방법이 다를 경우에 따라 단기·장기와 방법과 수단이 절충되어야 한다.

보는 관점은 코끼리를 앞에서 보느냐, 옆에서 보느냐, 뒤에서 보느냐, 밑에서 보느냐에 따라 형상이 상아 형태이냐, 기둥 형태이냐, 천정 형태이냐, 꼬리 형태이냐에 따라 모양새를 갖게 됨을 자판(自判)하게 된다. 문제가 해결방법이 틀렸다는 것은 아니고 다르다의 관점에서 아는 것과 모르는 것 어디에 역점을 두는지를 눈여겨보아야 한다.

문제 지향적인 가치평가에 역점을 두었는지?
포괄적인 구조문제에 대한 연구관점에 역점을 두었는지?

선택적인 목표를 두고 문제 찾기에 역점을 두었는지?
직관적인 문제에 익숙하지 않은 것들에 대한 탐험에 역점을 두었는지?

해결책과 결론은 최종목표에 대한 수치와 목표달성에 대하여 무엇보다는 '어떻게, 무엇을, 누가, 정량적인 수치를 가지고 하느냐'가 현재 중심의 열쇠인 반면에 장기적인 측면은 전략과 비전을 가지고 가치인자에 대하여 부여해 추진하느냐가 관건이다.

현장에서 안전문제의 재해이론과 병행한 수치는 안전의 프로세스를 이해하는 버팀목이 될 것이다. 큰 문제의 흐름과 경향을 숙지하게 되고, 사전에 재해발생의 요인들을 감지하고 인지해서 재해로 이어질 수 있는 연결고리의 경우의 수를 대처하게 되는 것이다.

전문적이 아니어도 쉽게 이해하는 부분으로 눈에 익혀 보자. 재해이론의 다양성에 많은 경험과 학습을 통해 익혀 보면 사고의 여러 가지 발생원에 대한 접근 차이를 알게 되는 것이다. 더욱 필요하면 어느 하나의 주된 문제점을 정해 놓고 연관된 항목을 연관시켜 보는 방법이 도움이 될 것이다. 안전관점은 무수히 많은 요인 중에 핵심이 되는 부분인 설비, 사람, 수단, 재료, 환경, 관리 등이 포함되어야 한다. 전문적인 부분이 추가된다면 소프트웨어, 시스템웨어, 휴먼웨어, 환경 등으로 분석되어야 한다.

요인 중에 상기 것은 사고예방을 위한 결정인자이지만 최고의 성과를 내기 위한 사전조치이다. 요인이란 표현은 안전에서는 해결방법의 수단과 방법이고 인적 오류에서는 사실(Fact)이라고 해서 발생원의 원인 차단과 재발 방지의 표현인 것이다.

요인을 문화적 기법으로 표현한다면 지식과 교육을 의식적 가치로 승화시켜 연예계와 연결사슬을 갖는 고리의 역할이라 보면 된다. 우리나라 지식의 에듀테이너인 명지대학교와 현재 컨설팅을 하는 김정운 교수가 보는 관점은 또 다른 관점일 수가 있다. 지식의 문화전도사는 우리나라의 정서적인 면에서 쉽게 이해 가지 않지만 안전의 문화로 접근해 보는 것도 생각해 볼 만한 안전의 전도사라 자청해 본다.

마이클 미칼고(Michael Michalko)는 데이터베이스를 구축하여 정보의 재조합을 통해 이뤄지는 창의적 작업을 '다빈치 기법'이라 칭했으며 여기서의 요인은 데이터베이스가 될 것이다.

일본 사람의 성품에 대하여 상품화해서 컨설팅을 하는 유명한 가와니시 시게루는 3가지 성공 사이클(능력, 성품, 결과)이라고 주장하고 있다. 3개의 성공요인에는 많은 것들이 함축되어 있다. 미세한 부분부터 큰 부분까지 내재되어 있다는 것을 알 수 있다.

〈국내외 안전 재해이론〉

이론	내용	비고
하인리히 도미노 이론	재해(5단계): 유전적/사회적·개인적 결함, 불안전한 행동/상태, 사고, 재해(불안전한 행동 및 불안전한 상태)	✓불안전한 행동/상태: 사고원인
버드 이론	손실제어 요인: 관리, 근본원인, 징후(직접원인), 접촉(사고), 상해	
애덤스 이론	관리 잘못: 직접원인(전술적 에러), 간접원인(작전적 에러)	
웨버 이론	재해: 운영실수의 결과	✓불안전한 행동/상태: 사고원인
자베타키스 이론	재해: 사고의 원인과 결과 중시	✓불안전한 행동/상태: 사고의 간접 원인
허성관 이론	재해: 심리적·기계적·환경적·기술적·인위적 요인	✓한 가지/복합적인 요인
더그라스 계단 모델	재해: 계단과 같이 적정 수준 이하 시 연쇄적 발생	✓관리적인 부분 강조

필자는 성공이 아닌 현장의 문제해결 과정에 역점을 두어야 하는지를 사이클로 표현한다면 4가지를 강조해서 목표(Goal)를 정하고, 해야 할 것을 명확히 정의(Define)를 내리고, 어떤 생각으로 임해야 하는지를 다양한 작업양상에 공유와 의견수렴으로 아이템(Item)을 선정하고, 그에 따른 행동의 실천의지를 실행하는 것(Execution)이라고 정의를 내리고자 한다.

실행에는 여러 가지가 병행되어 추진되지만 분명한 것은 안전에 염두를 두는 것은 견고한 것이 전제되어야 한다는 것이다. 견고한 기술과 프로세스, 구성원들의 적극적인 사고와 생각과 하려고 하는 내성과 여러 가지의 해결책에 대한 철저한 학습 능력이 준비되어야 한다.

9. 미래를 위한 자기발전 연간계획
(SDAP: Self Development Annual Planing)을 세우자

해마다 연말이 되면 팀원에게 차년도 목표와 각 개인을 위해 연간계획을 세우게 했다. 목표는 도전목표를 스스로 정하게 했고 그중에 가장 효과를 보고 있는 것이 1인 3지표이다. 1인 3지표는 같이 일하는 팀원과 동료들이 개인의 자기실현과 자기 발전을 위해 일 년에 3가지 목표를 세워 각자 일 년에 3가지를 꼭 이루겠다고 정하고 주, 월, 분기마다 목표 대비 실행을 지수화해서 진척도를 공유하고 지원 및 도움을 받아 가며 달성해 가게 하는 것이다. 자기 자신과의 약속으로 진행하는 것이며, 실행 결과는 효과가 생각보다 훨씬 크기 때문에 지속적으로 하고 있다.

팀원들에게 구체적으로 지표 관리를 갖게 하고 진도 관리를 함으로써 실질적인 관리가 된 것은 공유하고 느끼는 것이었다.

최근에 만 시간 이야기도 미래에 대한 시간투자인 것이다. 만 시간이면 하루에 3시간 이상으로 일 년에 천 시간을 잡으면 약 십 년이 걸린다는 것으로 자기 분야의 전문가가 될 수 있다는 되고의 법칙과 개인에 대한 시간계획은 미래의 지식투자인 것이다.

자연의 자원은 갈수록 고갈되지만 인간의 자원은 쓰지 않으면 고갈된다. 인간은 미래를 위해 좋은 습관의 주인이 되어야 한다. 인생에서, 직장에서, 가정에서 개인적으로 올해 목표를 이루고 싶은 것을 구체화해서 실천항목으로 옮겨 실행을 해 보자.

실행은 사람에 따라서 한 개의 목표부터 무리하지 않고 적절하게 목표를 세운다. 노력해서 얻을 수 있는 항목을 정하고 실행할 수 있는 계획 아이템을 정하고 실천하게 한다. 시간과의 노력, 환경과의 노력, 점수와의 노력 등으로 인해 목표를 향해 꾸준히 진행되지만 일부는 초점에서 미뤄지게 된다.

사람은 경제적 동물이기 때문에 그 어떤 영향보다 경제적인 부분에서 실행률을 강하게 추진하고 있는지도 모르는 일이다. 그 예들이 작게는 주식투자, 통장 만들기, 펀드 가입하기, 부동산 조그마한 것 장만하기 등이 있지만 젊은 층에서는 돈 불리기가 필히 들어가 있는 항목이다. 목표 내용도 들어가 있다. 그 내용에는 집을 넓혀 간다, 이사를 간다, 차를 바꾼다, 자녀의 진학이나 결혼이나 취직을 위한 준비를 한다, 건강검진을 한다, 주로 가족과 자기 자신 중심으로 목표를 세우고 있다. 직장에서의 올해의 목표는 직장과 회사업무 내용이다. 고과를 잘 받는다, 수명 업무를 납기에 지킨다, 승진한다. 젊어서 해야 할 일 중에는 "상사를 자기편으로 만든다"라는 명제처럼 상사와 동료 간에 마찰 없이 지낸다는 내용도 팀원들의 1인 3지표도 포함되어 있는 다양한 내용들이다.

가정에서의 내용은 아내하고 아이들과 많은 시간을 보내는 것이다. 각종 가정의 질적 수준과 양적 수준을 위한 평균놀이 문화를 높이기 위한 사랑과 행복과 신뢰의 통계학적 확률로 6시그마 이상의 안정 값을 가지기 위해서 목표내용도 서로 간의 노력이 필요하다.

개인적인 것은 어떠한가? 어릴 적의 "소년이 노학난성 일촌광음 불가경"(젊음이여 늙기는 쉬우나 배움은 어려움이 있으니 시간을 헛되이 보내지 마라)처럼 배움에 많은 비중을 두고 있다. 개인의 역량과 미래를 위한 계획인가? 자기만의 인생의 가치를 높이기 위한 노력과 열정의 계획한 부분이 실천되도록 해 보자.

팀워크를 보자. 팀의 리더라면 부서의 미래는 밝은지, 어두운지를 알기 위해 강점과 약점, 기회와 위협의 요소를 분석해야 한다. 툴인 SWOT(Strong Weak Oppertunity Threat)분석을 통해 현재의 수준을 명확하게 알아야 한다. 부서원들의 목표에 대한 방향과 목적을 위해서 명확한 설정과 더불어 전술과 전략도 짜야 한다. 그러기 위해서는 우선적인 순위에 대한 비중과 추진의 구체적인 항목에 역점을 두고 바꿔야 하는지를 염두에 두어야 한다. 보다 합리적이고, 긍정적이고 발전 지향적이고 현재보다는 향상된 생각과 행동과 의식을 가지고 있는지 직시해야 한다.

다양한 팀원을 움직이기 위해서는 부서장의 재미있는 직장분위기도 만들어야 한다. 조직력 향상을 위한 멋거리, 먹을거리, 일거리, 눈요깃거리, 현장거리, 중심거리를 위한 방향도 가져야 한다.

멋거리를 현장에서 찾는다면 설비와 주위환경의 정리정돈과 사무실의 책상이 깨끗함을 유지해서 타 부서가 벤치마킹 차원에서 오도록 만들고, 먹을거리는 조직 간의 멋진 장소와 추억이 될 수 있는 회식장소 및 음식 맛이 좋은 여러 장소를 알아서 부서원들과 함께 갈 수 있는 곳을 정해 놓고 맛의 의미를 분위기로 느낄 수 있도록 해야 한다. 결국 미식가, 식도락가가 되기 위한 맛의 리더십을 발휘해 보는 것이다. 일거리는 일에 대하여 목표 달성을 위해 노력도와 집중도와 계획성을 가지고 일의 처음과 결과에 대하여 칭찬과 결과에 보상을 해주는 것도 잊지 말아야 한다. 일간, 주간, 월간, 반기, 연간을 정해 놓고 스스로의 평가를 하게 되면 진척과 실행을 완전하게 달성할 수 있게 한다.

눈요깃거리는 눈의 표식방법인데 현장에서의 위험요소에 대하여 안전표식을 함으로써 인적 오류가 없도록 체계화시켜 프로세스가 돌아가도록 한다. 현장거리는 현장 중심의 안전점검과 일을 직급에 관계없이 일정표를 세워 리스크 중심의 점검이 되도록 한다. 업무가 바쁘다는 이유로 현장을 등한시할 수 있는 분위기를 반전시켜 현장활동을 강화시키는 좋은 방법이다. 팀장은 월에 한 번, 부서장은 주에 한 번, 과장은 매일 현장점검을 하도록 주기화하는 현장강화 활동이며 방법이다. 이 방법은 대기업일수록 심화되어 현장을 등한시할 수 있는 분위기를 퇴치시키는 방법의 하나이다. 중심거리는 월간회의 때 팀마다 중점관리 항목의 지표 진척사항을 발표하게 하고, 공유해서 업무를 일 중심과 사람 중심으로 균형을 가져올 수 있도록 한다.

업무는 공유를 하고 일의 선택과 집중이 되도록 한다. 피터 드러커의 'What do you want to be remembered for?(당신은 무엇으로 기억되길 원하느냐?)'처럼 "목표에 대한 방향 설정을 하고 매진하면 좋은 결과가 있을 것이다"를 강조하고 있다.

'무엇이' 되길 원하느냐의 관건보다는 각자 스스로의 "어떻게 되길 원하느냐"가 일의 성향에 방향을 맞춰 가야만 개인과 조직의 융합이 될 것이라 판단된다. 궁극적인 사고(思考)의 힘이 전제가 되어야 여러 분야에서 함축되고 동일한 균형으로 진행될 것이다.

강점을 연간계획하에 실천해서 몸에 배이게 하고 실행의 반복과 향상을 높이면 어느새 최고수준의 수준까지 오르게 된다.

<강점이 있는 분야를 만들기 위한 수칙>

· 노력하면 최고가 될 수 있다는 자신감을 갖는다.
· 연습을 거듭하면 **완벽**해진다고 **생각한다.**
· 성공할 때까지 확신을 가지고 **도전한다.**
· 자기의 **장점**을 살려 **특화한다.**
· **자기 자신**에게 최고라고 **격려한다.**
· 결과를 의식하지 말고 **과정**을 **충실히** 한다.
· 미래에 대한 **긍정적인 사고**(思考)를 갖는다.
· 약점과 **강점**의 수준은 한 장의 차이라고 **확신한다.**
· **열정과 혼신의 힘**은 내가 하고 싶은 일에 대한 마지막 남은 내 자신의 마음의 열정이라 **다짐한다.**
· 한 번의 **성공**은 있어도 두 번의 시간은 없다고 **결심한다.**

10. 문화는 수평관계의 의식 형성이 전제이다

보통 '문화'라고 하면 태도, 가치, 신념, 의식수준 등을 통틀어 말하는 개념이다. 문화는 조직구성원의 핵심가치에 따라 여러 형태로 구성된다. 예를 들면 교통문화, 안전문화, 조직문화 등으로 구분할 수 있다. 문화가 인간의 행동과 발전에 중요한 역할을 한다. 국가, 지역, 주, 대도시, 회사 등 다양한 수준의 발전양태(樣態)에서 문화작용은 명백하게 드러난다. 문화의 작용은 살아서 숨 쉬어 온 시간적인 내용과 공간적인 내용이 복합적으로 하나의 패러다임을 만들어서 인간과 어우러진 중요한 근간이 되고 있다.

문화의 중요한 근간에 있는 핵심은 어떤 미션과 목표를 가지고 이루어진다. 폭넓은 중요 결정인자들의 맥락 속에서 문화가 어떤 역할을 하는지 살펴보고, 폭넓은 인지의 형성대를 가져야 한다. 안전문화(Safety Culture)라고 표현한다. 이 표현은 일반화되어 있다.

일반국민 속에 들어가려면 심리와 마음속에 들어 있어야 한다. 나는 안전(Safety)과 연예(Entertainer)가 혼합된 세프테이너(Saf tainer)라고 표현하고자 한다. 즉, 안전이 국민의 의식과 마음속에 들어가야 한다. 안전하게 문화가 되어 안전의 관심과 의식이 연예계에 버금가도록 민감하게 반응하고 적극적으로 대응하도록 국민 속에 실생활처럼 고정되어 스며 들어 가야 한다.

어느 나라든지 문화는 존재한다. 문화는 각 나라 국민성과도 밀접하게 연계된다. 조상으로부터 내려오는 생활문화가 더 깊게 뿌리 잡는 전통문화와도 일맥상통하는 것도 사실이다. 어느 컨설팅 회사는 세계 각국과 각 회사에서 온 중역들을 교육하는 과정에서 "문화에 대하여 짧은 문장이나 낱말로 대답해 보라"고 했다. 참가자들은 놀라면서 곰곰이 생각해 내고는 다음과 같이 문화를 정의했다.

"문화란 생활양식, 전통, 규칙, 예술, 신념, 가치관, 언어, 음식, 종교이다"라고 답변했다고 한다. 당신의 대답은 무엇인가? 앞에 나온 것들 중에 하나인가? 아니면 다른 기준을 추가하겠는가? 아니면 다르다고 얘기할 수 있는가? 우리가 문화라는 차원들을 이해 못 하면 수많은 문화적 차원에서 잘못 해석하거나 무시할 수가 있고, 문화의식도 낮아지게 된다.

문화에 대한 정의는 개인의 경험에 뿌리를 두고 문화적으로 정의를 내린 것이다. 문화란 자신의 한계를 넘어 심층 이해를 해야만 한다. "일을 가진 사람들이 특정한 시간과 공간 속에서 생존하고 공존하기 위해 합의한 행동 규범"이라고 한다.

문화의 가치에 따라 높고, 낮음은 없지만 굳이 상위와 하위를 구별하자면 범용성과 전통성과 가치성에 비중을 두고 상위가치와 하위가치를 등급화한다. 현대 사회에서는 인재에게 요구되는 것이 지능지수나 감성지수가 아닌 문화지수로 그 어느 것보다 높아야 한다. 문화지수를 높이기 위한 방법은 단시일 내 만드는 것이 아니라 국민성에 대하여 이해와 공유와 적응과 생활에 대한 공평한 수평관계의 저변확대가 우선적이 되어야 한다.

충분한 공감과 국제시민 의식이 국제화되고 글로벌화되고 진행되는 스피드의 시대이어서 잘 적용하고 이해하는 사람만이 인정하는 사회이고 문화의 수준이 그 어떤 수준보다 높아야 기본적인 충족조건이 이루어진다고 본다. 안전문화는 그 어떤 가치보다 높다고 보지만 나라마다의 안전문화에 대한 의식으로 차별을 두고 있다.

현대의 시간성 문화는 세대 간에 옮겨지기보다 같은 세대의 동질성에 따라 다양성과 발전성을 가지고 지속되기도 한다.

	높다		
규율의 문화		계층제 조직	큰 조직
		관료제 조직	창업조직
	낮다		
		낮다　　기업가 윤리　　높다	

〈좋은 회사에서 위대한 회사로의 창조적 규율행렬표〉

안전의 문화가 레벨이 올라가면 인적 오류에 대한 레벨기준치가 올라가고 더 나아가 인류의 복지 수준도 한 차원 높아질 것이다.

짐 콜린스의 『좋은 기업을 넘어 위대한 기업으로』에서도 조직에 대한 규율의 문화와 기업가 윤리에 대하여 윤리와 규율이 높을수록 큰 조직의 규율 형태를 이룬다고 얘기하고 있다.

창조적 규율은 안전에서도 필요, 충분조건의 중요한 부분이고 조직이 커질수록 단단하게 운영되어야 한다. 안전에서 예외는 없으며, 인간의 오류도 동일하다. 인간이 갖는 양립성은 상충되고 있다. 상충되는 이유는 인간이 갖는 모순점의 시발점과 인간이 현대 사회에 적응하기 위한 인적·물적 반응조건이다. 그로 인해 인적 오류가 발생되고 해결치 않고 잔존하고 있다.

현대의 기업에서는 규율의 문화와 기업의 윤리를 놓고 조직으로 분할한다. 윤리와 문화는 분명 동등 개념의 요인으로 중요시해야 하는 관리 항목이다. 산업사회에 속하는 것이 산업역군이고, 사업장에서 추진되고 있는 것이 안전문화이다.

위험과 안전에 관한 문화 이론은 1970년대 말, 1980년대 초 인류학자 메리 더글러스(Mary Douglas)에 의해 발달되었는데, 문화이론은 사람들이 가장 소중히 여기는 영역 중의 하나이다.

즉, '그들이 강하게 동일화하거나 참여하는 일련의 사회적 배열 또는 제도'에 기반을 두어 사람들을 범주화하는 방식이다. 각 개인은 사람들이 세계관에 따라 동일사안에 대해 위험과 안전의 정도를 다르게 인식하는 문화적 형태로 형성한다.

안전 문화를 위해 많은 교수와 관계자가 많은 심혈을 기울여 노력하는데 큰 성과를 못 거두고 있는 것의 하나가 안전문화인 것이다. 정부의 노력과 국민의 적극성과 관심도 지금보다는 전반적인 보완과 육성책이 필요하다고 본다. 어느 안전문화의 학술대회에 가서 보고 느낀 얘기를 덧붙여 보자.

국내 안전학자들은 "안전문화에 대한 기본적인 틀과 시스템적인 구축은 해야 한다"고 입을 모아 주창하고 있지만 부분적인 활동으로 움직이고 있다. 정부가 지원하고 기업의 특화된 활용안으로 운영되고 있다. 전문가들이 기업에 많은 심혈을 기울여 노력한다면 안전문화가 지속정도의 수준과 기반까지 올라갈 거라 믿는다. 결국 국민의 적극성과 관심도는 지금보다 높아지고 당위성에 대한 호응은 높아질 것이다.

안전문화가 구축되기 위해 병행되어야 하는 부분이 재해율이다.

시간을 변수에 두고 기술과 지식을 시작으로 해서 프로세스화하고 더 나아가 안전문화가 정착되는 계기가 되어야 한다.

안전문화라는 용어는 1986년 체르노빌 원자력 사고 발생 이후 국제원자력안전자문단(INSAG)에서 보고서인 "Post Accident Review Meeting on the Chernobyle Accident(체르노빌 사후 사고에 대한 검토회의)"에서 처음 언급되었다. 그 후 미국의 화학공학회 산하인 공업협회(CCPS)에서는 『공정안전관리를 위한 안전감시의 실시계획서 가이드』라는 책을 발행했다. 그 내용이 공정안전 관리를 정확히 알기 위해 모든 구성원이 공동으로 안전의식을 가지고 모두가 참여해야 한다는 의미에서 용어를 사용하였다.

문화를 움직이는 구성 차원과 구성요소는 중요한 포인트이다. 안전문화에 대한 구성 인프라의 정의를 보자. 서강대학교에서 경영학을 강의하시는 박내희 교수님은 "구성 차원을 가시적 수준(행동 패턴과 방침, 규율, 서류, 문서), 인식적 수준(가치관)이 있고, 그 안에 잠재적 수준(기본 전제인 환경과의 관계, 인간의 본성, 인간관계)이 있다"라고 정의를 내렸다.

서울과학산업대학교 재직 중이다 몇 해 전에 퇴임하고, 지금은 매경 안전 환경연구원의 원장이신 이영순 교수님도 이 구성요소를 7개를 제시하였다. 안전정책적 요소, 관리구조, 지원, 안전문화의 추진 규정, 자격과 훈련, 상벌, 개인의 이행사항 등으로 강조하고 있다. 중요성은 전 세계 안전학자들 간에 회자되고 있는데 특히 피터와 워터 맨은 조직문화의 구성요소인 7S개념을 강조했다[공유 가치, 전략, 구조, 체제(제도), 구성원, 관리기술, 행동 및 관리 스타일이다].

문화의 중요성은 개념가치의 정립이 선행과제로 되어야 한다. 만일

안전과 위험의 개념화가 시급하게 진행되어야 한다면 우선적으로 적용해 볼 8개의 항목을 안전문화 개념화로 연계해 보자.

<안전문화 8대 개념화>

1. 숫자의 개념을 가지고 업무에 임해야 한다.
2. 숫자의 의미를 명확하게 인지하고 있어야 한다.
3. 과거에 사람들이 비슷한 위험을 받아들여 왔음을 인정하고 이에 대한 대응 및 대안이 있어야 하는 것이다.
4. 사람들에게 안전함이 있음을 보이는 것이다.
5. 사람들을 친절하게 다루는 것이다.
6. 사람들을 파트너로 만드는 것이다.
7. 모든 것을 실행 및 발전적 접근이 되어야 한다.
8. 문화는 단기적인 결과가 아니라 장기적인 연구와 기획의 결과임을 알아야 한다.

문화에 대해서는 안전문화가 선행이고 그 부류에는 인적 오류에 대한 프로세스가 확고하게 도입되고 구축되어 성숙되는 계기가 되어야 된다. 경영자는 인적 오류에 대한 관심과 회사에 구축하기 위한 프로그램을 반영해서 안전한 일터가 선행되어야 한다. 인적 오류에 대한 경영자, 현장 관리자, 안전 관리자가 해야 할 역할을 보자.

◈ 경영자의 역할
· 채산성을 초월한 안전우선의 경영의지와 시설투자
· 명확한 책임과 안전관리 체계 확립과 엄격한 신상필벌
· 가족 같은 상하 동료 간 정으로 연결된 원활한 의사소통 확립
· 안전과 직원의 복리를 위해 최우선의 미션과 비전 수립
· 쾌적한 작업환경과 적절한 휴식과 작업의 조화
· 사고전파의 횡전개와 타산지석의 공유체계 구축
· 안전문화와 기업문화의 융화
· 인적 오류에 대한 분석 프로그램 운영 및 선진국의 인적 오류에 대한 벤치마킹

◈ 현장 관리자
· 역지사지의 업무 처리(관리자 입장에서가 아닌 작업자 입장)
· 위험요인에 대한 과학적 분석과 실질적 개선
· 명확한 안전 관련 규정과 수립보고 체계 정립
· 현장 근로자의 안전의 소리 적극 활용
· 원리원칙의 존중 및 역할과 책임과 권한 명확화
· 반복교육과 경험의 전달 교육과 인증의 평가 실시
· 안전의식의 고찰과 불합리에 대한 점검운영 및 개선
· 안전점검에 대한 관리 및 사각지역에 체계적 관리
· 인적 오류에 대한 사전 점검항목 및 지속적인 관리
· 인적 오류에 대한 철저한 분석 및 개선 활동

◈ 안전 관리자
· 안전의 법적 지식과 안전보건 전문가의 역할 준수
· 안전시스템의 구축
· 안전제안제도의 활성화 유도
· 현장 중심의 리스크에 대한 중요도/위험도 관리
· 사전 예방과 사후 예방의 철저한 점검과 시행
· 전체적인 운영시스템의 분석 및 방향정립 수립
· 체계적 관리와 안전전략 수립/장기적인 로드맵 운영
· 명확한 역할의 정립과 역할 수행
· 인적 오류에 대한 사건사고에 대한 예방활동 및 개선 투자
· 인적 오류에 대한 사고의 성상별 분석에 대한 벤치마킹
· 인적 오류에 대한 프로그램 적용 분석 및 개선책의 다각화

제2장

태도원칙

제3절 사람의 태도를 전문가처럼 분석하는 원칙

11. 행동의 약점을 강점화하자

인간의 행동에 있어 진정한 태도는 성공을 결정짓는 중요한 내면적인 변수일까, 아니면 남에게만 보이기 위한 외형적인 변수일까 자문자답해 본다. 변수의 구분을 두 가지 얘기로 풀어 보자.

하나는 사람이 필요해서 인력시장에서 일할 사람을 찾는데 당신이 사장이라면 어떤 사람을 찾겠는가? 첫째는 눈이 반짝반짝하고 얼굴에 무엇인지 생기가 돌고, 적극적으로 해보려는 태도를 가진 사람, 이런 사람이 진정 필요한 사람일 것이다.

회사의 사장 입장에서 볼 때 종업원들에 대한 바람은 일은 시켜 보진 않았지만 무엇인가 해보려는 태도와 의지와 행동이 우선 상충되고 높은 실행을 바라는 마음일 것이다.

둘째는 같은 실력을 가진 사람이 대결을 벌인다면 보이지 않는 마음과 정신이 열정으로 가득 차 있는 사람이 더 발전적이다. 마치 기러기가 홍크(날아가면서 내는 소리)처럼 격려와 용기를 내게 하는 소리와 같이, 운동선수도 시합할 때 스스로 기합 소리를 내서 자신감을 갖게 하고 상대방을 위축시켜 자신의 마음과 자세를 갖기 위해 스스로 잘한다고 파이팅을 외치는 사람이 있다. 파이팅 안 하는 사람보다 20% 이상의 실력과 기운이 발휘된다고 한다.

인간의 잠재력을 향상시키는 것은 태도와 신념과 행동으로 결과를 가져올 수 있다. 연관되어 보면 인간오류의 중요한 원인이자 발생원은 태도로 이어지는 행동이 근간이 되고 있다. 인간에게 있어 행동이 핵심의 관건이다. 일반 기업에서는 안전의 사고에 인간오류로 접근해서 문제를 다루고 있는 기업이 그리 많지 않은 것도 고민해야 한다.

영국에서는 산업안전 측면에서 하이-파이브 운동을 진행했다. 이 운동을 하기 위해 국내일부기업에서는 통상적으로 'STOP'이라고 알려진 「안전교육 관찰 프로그램(Safety Training Observation Program)」을 적용하고 있다.

인간행동 중심의 관찰과 개선방향을 제시함으로써 우수한 안전성과를 달성하기 위하여 미국의 듀폰사에서는 기업경험의 안전을 토대로 개발된 안전관리 기법 중의 하나이다. 1960년대 중반 듀폰 사에서 실용되기 시작한 이 제도는 미국에서 활용되고 있다.

우리나라에는 1997년 '대한산업안전협회'에서 듀폰사와 기술 협약을 체결하여 도입되었으며, 2001년 이후 포스코에서 본격적으로 적용하고 있으며 현재 대기업에서 채택하여 사용하고 있다.

'STOP'은 안전에 관한 사원들의 행동변화를 관찰하여 실질적인 의견교환을 함으로써 행동변화를 유도시키고, 결과적으로 안전관리를 안정적·긍정적으로 할 수 있다는 방법이다. 이 기법의 하나가 최고경영자로부터 현장사원까지 함께 참여하여야 한다는 점이다.

물론 어느 안전관리 기법이라도 전 사원의 참여를 필요로 하겠지만, 'STOP'기법에서는 실질적인 인식과 관여를 함으로 참여를 요구하게 되는 것이다. 1940년 "모든 사고는 예방할 수 있다"는 원칙을 제정하고 안전관리에 접근한 'STOP' 기법은 듀폰사의 사내 안전관리기법이다. 200여 년의 역사를 가지고 있으면서 자체적인 안전관리의 집약체를 'STOP'이라는 안전관리기법으로 집약한 것이다.

 'STOP' 기법에서의 가장 중요한 것은 인간 중심적인 고찰과 개선방향을 제시한 것으로 볼 수 있다. 사람의 행동을 단위로 구분하여 볼 때 1일 부지런한 사람은 15만 번, 게으른 사람은 10만 번가량의 행동을 한다고 한다. 인간의 특성상 정상적인 사람의 경우, 2만 5천 회의 행동 중 한 번꼴로 실수를 만들어 낸다.

 사람들은 하루에 4회 이상의 실수를 만들어 낸다고 할 수 있다. 그 실수가 크고 작은 것을 따지는 것은 아니다. 이렇게 만들어지는 실수가 커다란 사고와 연계된다면 문제는 달라진다.

 정상적인 자세와 행동에서 실수가 발생하면, 하물며 비정상적이고 해이한 행동에서의 실수는 훨씬 증가하게 될 것이다. 더 많은 상해의 원인이 발생하게 될 것이다. 불안전한 행동을 안전한 행동으로 만들어 내기 위하여 안전관리기법이 발전하게 된 것이다. 이 'STOP' 기법의 특징 중에 하나는, 개인의 업무를 수행하면서 자연스럽게 안전관리가 이루어지도록 한다는 점이다. 산업안전공단에서 현재 운용하고 있는 '무재해 운동추진 기법'과 조금 다른 시스템이다.

 커다란 몸동작으로 큰 소리를 치면서 오감의 주의를 환기시키는 동적 방법이 무재해 운동 추진 기법이라면, 이 운동은 정적이라고 할 수 있는 상태에서 개개인의 안전에 대한 자각을 요구하는 시스템기법이 되는 것으로 구분된다. 우리는 생각을 바꿀 필요가 있다.

 아리스토텔레스가 "배움에 있어서는 현인처럼 생각하고 범인처럼 행동하라"는 생각은 깊고 사려 있게 하고, 행동은 실행력을 높일 수 있도록 즉시 하라는 것이다. 생각과 행동도 중요하다. 행동에 가까운 것이 인간의 움직임이다. 움직임의 각도를 현재의 각도보다 높게 잡을 것인가, 낮게 잡을 것인가, 현재의 상태를 유지하는 차원의 수평인지를 볼 때 결국은 취약한 부분인 약점을 쟁점화하는 것이 인간오류를 최소화하는 방향일 것이다.

작업자가 불편함이 없이 작업에 임할 수 있을 때 생산성이 향상될 수 있는 것이다. 작업자의 고통은 상해를 발생시킬 수 있는 요인이 될 뿐이다. 작업자의 불편을 해소하는 방법은 어떻게 해결하여야 하는가? 우선적인 것은 행동의 장애요소를 찾아보고, 작업에 대한 행동의 불안전한 상태를 찾아내는 것이다. 국내의 일부 기업에서는 안전 관찰제의 방법을 반영해서 이 절차의 방법인 결심 → 행동 → 정지 → 대화의 흐름으로 운영하고 있는 것이다. 안전 관찰제의 장점은 확인하고 적용해 보자.

마음의 의지인 결심, 관리자가 직접 안전점검을 찾아 나서는 행동, 불합리한 행동의 작업자를 찾아 정지시키는 작업, 관리자가 작업자에게 불합리한 부분을 지적해 줘 불안전한 행동과 불안전한 작업의 포인트를 설득과 이해로 공감하고 수긍하는 대화가 선행되어 자율적인 체제가 이루어져야 한다.

운영절차를 기업체의 작업자 측면만 보지 말고, 여러 가지 측면에서 보고 가정이나 소그룹 활동에서도 인간의 행동에 대하여 명확화·규정화해서 룰과 규칙을 정하면 현재보다는 행동에 대한 각 개인의 역할에 대한 실수 및 약점이 보완될 것이다.

매슬로는 "망치를 잘 다루는 사람은 모든 문제를 못으로 생각한다"로 했다. 안전사고가 행동분석에만 치우쳐 편중된 대책이 아니라 인간의 움직임에 대한 작은 프레임부터 큰 프레임까지 다양성과 입체적 사고가 필요한 부분이다.

12. 사고의 발생원인은 사람이다.
해결책은 현재 당신의 현장조직의 현상과 본질을 보아라

사고와 실패와 오류의 반복으로 인한 역발상의 진전을 갖는 것은 성공의 기회와 함께 해결책을 가져오며 행동과 지식을 위한 레벨업과 패러다임을 전개하는 것이다. 마치 한 걸음의 후퇴는 두 걸음의 전진을 가져오게 되는 것과 같은 것이다.

실패에 대한 현상의 모든 사고는 가해자이든 피해자이든 발생원인으로 볼 때 완전하지 못한 기술, 의식, 심리, 행동, 공유, 시간, 의사결정, 조직 내의 문화와 제반 여건으로 발생된다. 전에 내가 출간한 '리더의 조건 다양성의 7가지 원칙'에서도 안전 관점의 7개 주제를 놓고 이야기하였는데, 주된 내용은 상황, 의식, 기술, 행동, 조직, 문화, 전략이다.

내가 이 책을 7개의 주제를 놓고 쓴 것도 스토리텔링의 내용이다. 7개의 주제를 순차적으로 살펴보자. 어떤 상황이 발생하면, 조직이 어떤 의식을 가지고, 어떤 기술과 행동으로 문제의 해결책을 가지고 갈 때에 조직의 문화와 전략은 어떻게 대응하는지? 조직의 다양성으로 상황에 대한 해결하는 방법으로 접근하고 있느냐가 주된 내용이다. 이것을 다양성이라 표현했고, 다양성은 창조와 혁신을 자극하고, 시너지를 창출하는 계기가 된다.

안전사고의 발생원은 사람이다. 불안전한 행동에 의하거나, 불안전한 상태 때문에 발생되는 것이다. 세분화하면 발생원을 인적이냐, 물적이냐로 분류하고 또한 직접원인이냐, 간접원인이냐를 본다. 산업계의 작업성에 의한 분류를 보면 사람에 의한 원인도 인적 요인에 의해 발생하는 것으로 일반적인 통계이다.

사고원인에 있어서 항공기는 15~20%, 원자력 발전소는 25%, 철도는

15~25%, 선박은 20% 내외, 자동차는 30% 이상이 모두 사람에 의한 것이다. 제조업은 작업성에 기인된 사람에 따라 경우의 빈도가 다르기 때문에 적게는 20%에서 전자, 초정밀산업 사업은 70%가 사람에 의해 좌우된다.

특히 우리나라의 제조업 산업재해를 보면 전체 산업의 재해자 수는 근로자가 증가하면서 2001년의 81,434명에서 2010년에는 98,645명으로 증가하였다.

전체 재해자의 천인율[2])의 경우 2001년 7.70명에서 2010년에는 6.95명으로 감소하여 재해율이 감소하는 것으로 나타났다. 즉, 근로자의 1,000명에 7.7명에서 6.95명으로 감소했다는 것을 의미하며, 제조업의 경우 2001년도 천인율은 12.15였으나, 2010년도 천인율은 10.66이었다. 제조 측면도 감소한 결과이다.

사망자 수도 2000년도 만인율[3])에서 약 2,748명(만인율: 2.60)에서 2010년 2,200명(만인율: 1.55)으로 감소되었지만, 전체 근로자 수의 비례와 비하면 개선이 이루어지지 않고 있는 것으로 나타났다. 제조업재해의 경우 전체 산업에서 차지하는 재해사고의 비중은 2000년의 48.4%를 기점으로 2000년 이후에는 45% 상회하는 것으로 나타났다.

2010년 산업재해에 의한 직접비, 간접비를 포함한 우리나라의 총 경제 손실액은 17조 6천억이라는 막대한 비용이 발생함으로 인하여 안전 보건 선진국의 기반 조성과 경제 발전에 막대한 지장을 초래하고 있다. 산업의 재해율[4])은 0.69로 수년간 정체상태로 있는 실정이다.

최근에 산업재해를 0.6대로 낮추기 위하여 여러 가지 활동으로 국가 차원에서 재해율 낮추기 운동과 법적 과태료를 강화하고 있다. 산업안

---

2) 천인율: 연간 재해자 수를 연간 근로자의 수로 나누어 1,000을 곱해 산정.

3) 만인율: 사망자 수를 근로자 수로 나누어 10,000을 곱해서 산정.

4) 재해율: 재해자 수를 근로자 수로 나누어 100을 곱해서 산정.

전보건 측면에서는 국제 안전회의 격인 서울선언서라는 것을 채택함으로써 그만큼 우리나라의 위상이 안전에서 높아진 것을 보여 주는 좋은 예이다. 산업재해를 최소화하여 근로자의 안전과 건강을 확보하기 위한 대책과 방안이 절실하게 요구되는 시점이다. 그러므로 사람에 대한 인적 오류는 중점적으로 다루어야 할 사항이다.

안전의 목표는 구체적이고 공통적이고 미래적이고 실현 가능성이 있어야 한다. 자신의 기대대로 변화한다는 피그말리온 효과처럼 무엇인가를 기대할 수 없는 상태에서 믿고, 행동으로 옮겨 변화한다. 반대현상을 가져오면 역피그말리온 효과가 있을 수 있다. 안전목표의 수단이 KISS (Keep In Stupid, Simple)가 되어야 된다. 결국은 어리석은 사람도 알 수 있게 단순하게 해야 하는 것처럼 말이다.

프레임의 법칙처럼 사람이 생각의 틀을 바꾸면 불행도 행복으로 느껴진다고 한다. 마치 미국의 우화처럼 세실과 모리스가의 대화 중에 세실이 랍비에게 "선생님, 기도 중에 담배를 피워도 될까요?" 하니 랍비가 "기도는 하나님과의 대화인데 안 되지요"라고 했다. 이번에는 모리스가 랍비에게 "선생님, 담배를 피우는 중에 기도는 해도 될까요?"라고 하니, 랍비는 "기도는 때와 장소를 가릴 필요 없으니 괜찮다"고 했다. 동일한 현상과 관점에 따라 전혀 다르게 해석될 수 있다는 것을 지적하고 있다.

현재 사회의 흐름의 시발점은 시간도 아니다. 경제도 아니다. 문화도 아니다. 시발점은 사람이다. 사람 중심의 세계화에 나서려면 행동으로, 생각으로, 태도로, 의식으로, 시각으로, 선진 안전 부분으로 완전한 틀을 갖추어 안전과 오류가 접목되어야 한다.

사람 중심으로 관점을 바꿔 보자. 보는 눈이 달라질 것이고, 사람의 중요함과 구성원에 대한 사람의 눈 깊이, 즉 안목이 생기게 된다. 사람 중심의 관철을 심화하려면 현상에 대한 본질과의 차별성을 두어야 한다. 현상은 보이는 것이고, 본질은 보이지 않는 것인데 본질을 파악하려면 현상을 세분화해야 한다. 세분화 요소는 시간적·안전적·원인적으로 분류된다.

13. 개인의 다양성에 오류가 달려 있다

인적 오류에 대한 기반을 구축하고 있는 인적 오류 학자인 카키아부(P. C. Cacciabue)는 오류에 대한 정의를 "인적 요인은 기술적인 시스템의 디자인과 기술적인 집합체의 요인과 사용자(작업자)의 사고요인 제공자 및 조정자의 적용으로 온다"고 강조하고 있다. 오류의 요인은 결국 시스템과 사용자인 인간에 의해 발생된다고 보는 것이다.

인적 요인의 결정역할은 인적 오류로부터 오는 필수불가인 공감대와 본질적인 기술적 시스템이 중요 요인으로 판단된다. 인적 요인 평가 시 안전레벨(Safety Level)의 기본요건은 인적 오류를 예방할 수 있는 인적 기술과 인프라가 전제되어야 한다.

인적 오류는 연속적 안전을 중단시키고, 오류의 수준을 미비함을 가져온다. 인적 오류는 인적 요인과 안전관리 차원에서 볼 때 인적 행동 관련 안전관리에 기인된다. 결국 안전관리와 위기관리의 시스템으로 분류된다고 볼 수 있다. 인적 오류 관점에서 예방하기 위한 지속·개선·적용하기 위한 로드맵이 절대적으로 필요하다.

안전의 결정적인 요소와 안전의 지적 기반 위를 단단히 하기 위해 순환 안전검사에 대한 개발이 시급하고, 미래에 대한 인적 오류와 안전수준에 대한 연구 및 관심이 필요하다.

인적 요소는 할당을 통해 사전·사후적인 분석적인 기술사항과 유기적인 연계가 필요하다. 안전학자들의 인적 오류에 대한 정의를 공유해 본다.

♣ 셰리던(Thomas B. Sheridan)

인적 오류이론은 아직 미통일로 과오에 관한 자료를 수립하는 목적이고 역시 의견이 미일치하고 있음을 지적하고 있다.

♣ 샌더스, 맥코믹(Mark S. Sanders, Ermest J. McCormick)

인적 오류는 자료 정리, 평가, 결과로 발생을 방지할 수 있는 방향과 유용성 제시로 평가되기 때문에 필요하다고 강조하고 있다.

♣ 스완, 구트만(A. D. Swain & H. E. Guttman)

개인적이고 불연속적인 행위의 원인은 생략과오, 수행과오, 순서과오, 연속과오, 시간과오이고 인적 오류 측면에서 인적 요인과오와 상황요인과오로 구분된다.

♣ 크라짓(H. Kragt)

인적 오류의 발생을 개인적 요인과 상황의 한 요인으로 구분하고 오류를 발생요인(사고 성향적 상황), 야기요인(과오 성향적 상황) 제시된다.

♣ 필립(F. P. Lee)

인적 과오(20%), 상황에 의한 과오(80%)를 주장하고 상황적 요인 중에 직간접 요인으로 나누어야 한다고 주장하고 있다.

♣ 에드워드(Edward)

인적 오류의 분석은 소프트웨어, 하드웨어, 환경웨어, 라이브웨어 등 4가지 요인으로 분석하였다.

♣ 리즌(Reason)

인적 오류를 GEMS(Generic Error Modeling System), 즉 함정, 생략, 실수, 위협으로 분류하여 운영하고 있다.

♣ 라스무센(Rasmussen)

인적 오류는 기술(Skill), 규율(Rule), 지식(Knowledge)으로 해결할 수 있다고 강조하고 있다.

♣ 단 피터슨(Dan Peterson)

인적 오류는 인과모델로 과부하, 의사 결정 에러, 함정 등이 일차적으로 분류되었다.

분류에 대한 정의를 과부하는 관련 업무와 능력과의 불일치로, 의사결정은 정신적 능력, 무의식, 낮은 지각 능력으로, 함정은 작업장 설계, 계기와 조종장치, 비양립성을 2차적 원인으로 내렸다. 결론적으로 안전학자들은 인적 오류에 대한 분석을 사람행동 측면으로 심리, 인지, 행동, 환경의 범주 안에서 발생원을 찾고자 했다. 어느 카테고리 상황에 따라 일부 달라질 수는 있다. 인간행동의 다양성은 인간오류라는 문제를 큰 범주 안에서 보면 문제 발생, 문제 구성, 문제초점, 문제대응, 문제난이, 문제빈도에 달려 있다. 21세기의 경영 키워드로 루이뷔통의 CEO인 이브카셀은 욕망(Wants)이라고 했다. 인적 오류의 키워드는 문제로 인한 다양성을 가지고 있는 것이다. 핵심은 인간의 오류이다.

14. 오류해결 접근방식을 다양화하면 답이 보인다

안전을 기반으로 하는 인적 오류에서도 세대 구성을 하고 있다.

1세대에서는 산업재해를 기반으로 하는 산업안전의 연구가 19세기 말부터 20세기 초에 시작되었다. 그 당시에는 산업안전의 안전보건에 주안점을 두는 사업주, 책임주의 개념으로 운영되었다.

산업안전은 근로자의 권익과 보호에 대한 사항으로 책임에 대한 한계를 인식하면서 극한점에 오게 되었다. 안전의 어려움을 극복하기 위한 기본적인 인프라 구축을 하게 된 것이 산업안전의 기반기인 1970년대까지 유지해 온 것이다. 인적 오류에 대한 분석 및 대책은 교육, 훈련이 해결책의 중점인 것처럼 3대 주축으로 기술적·관리적·교육적 대책으로 유지해 왔다.

1970년 후반에 들어오면서 산업안전의 오류에서는 2세대라고 부를 수 있는 제품의 설계나 직무 분석에 인간공학이 도입되었다.

인간공학은 현장의 작업환경과 근로자의 상호 관련성을 통하여 근로자 중심의 작업환경을 조성한다. 선진국 중심의 프로세스 도입과 인간-기계 중심의 인적 오류에 대하여 안전사고 의식이 전환되고 인간오류모델 중심으로 적용이 필요한 시기가 대두되었다.

3세대라고 부를 수 있는 인적 오류에 대하여 80년 초부터 다양한 이론들과 모델들이 제안되어 왔다. 이 중에는 사고의 발생에 기여하는 요인들로 초기에는 부분적으로 고려했다. 포괄적인 부분에는 안전의 기반 위에 시스템적 접근법이나 인간공학 접목의 부분도 적지 않은 상호작용도 포함되어 있다.

인적 관련 요인은 안전의 직접적인 인과요인들과 사회심리적 요인과 환경적 요인들도 포함되었다. 위험요소들이 작업자의 수행능력으로 연결되기도 하고 연장선상에서 작업장에서의 사회적 규범으로 존재한다. 안전의 불안전한 행동과 인적 오류를 초래하게 되었다.

인적 오류 분석기법들이 1980년대를 기반으로 인적 오류에 대한 메커니즘과 1990년대 들어오면서 초반에 사후대응 관점의 인적 오류 관리체계였다. 그 내용은 제도 개선과 설계 개선, 작업절차, 새로운 설계에 반영하므로 오류사례의 전파 등 인적 오류 감소를 지향하면서 관리 중심적으로 접근했다.

인적 신뢰성 분석이 정량적 방법의 1세대라고 하였으나 사상 수들이 어떻게 모형화되고 어떻게 정량화되는지에 대한 표현과 분류체계에 대한 모델이 제한되어 있었다. 안전의 인식오류에 대한 세대 간에 주제 중심 차이를 두고 진행되었다. 인적 오류 분석 관점으로 보면 2세대라고 불리는 인지 중심의 기법인 크림의 사후적 오류 분석과 예견적 오류 분석에 모두 적용 가능한 방법이 제안되었다. 공통수행 조건과 수행영양 인자 정보를 평가하는 것이 이 기법이다. 특히 체계적인 분류에 반대해 기존 분류방법으로 표현형에서 유전자형으로 사용하고 코콤에 의존하는 것이다.

인지공학적 관점에서 오류의 결과로서 원인과 성격을 제공했으나 실제 일반적인 방법에 가까움으로 인해 적절한 분석지침에 의한 보충이 필요했다. 3~4세대라고 불릴 수 있는 정성적 기법의 연구는 인간의 심리학적 측면에서 볼 수 있다. 인적 오류에 대한 유형과 발생에 대한 분석 및 이론적 해설 연구들이 작업, 조직, 설계, 개념, 개발들의 연구 영역으로 확산되었다. 인지적 행위로 인한 이론적인 오류특성으로 국한되어 있는 추세이다.

안전중시의 정량적인 예방, 인적 모델을 구축하기 위해 인적 모델이 미비한 실정이어서 사람의 행동, 인적 요인, 인적 오류에 대해서 요인의 세부추출 및 이에 대한 요인분석이 다변화되었다. 정량적인 예방, 모델을 적용하기 위한 모델이 미비한 실정이다.

결국은 인적 오류의 5세대인 인지와 심리와 행동을 가미한 사람 중심의 종합적인 해결책의 가이드라인이 필요하다. 필요한 목적은 산업재해의 사람 중심에 대한 불안전한 행동을 오류의 형태로 분석하여 오류요인을 코드화로 체계화가 마련되어야 한다.

사람오류에 대한 산업체별 또는 업종의 특성에 맞는 요인을 찾아내어 재발이 없도록 홍보하고 직간접적인 교육뿐만 아니라 시스템적인 툴(Tool)을 국가 차원에서 개선되도록 해야 한다. 발생요인의 인자를 명확히 인지·파악해서 예방프로그램이나 프로세스를 만들어 산업체에 적용하고 활용하는 것이 우선이라고 판단된다.

15. 홍크(HONK)를 자주 하면 서로를 격려해서 오류를 줄인다

  장거리 비행을 할 때 지쳐 있는 동료 기러기들을 격려하고 응원해 주
는 기러기의 울음소리를 홍크(Honk)라고 한다. 이 소리는 그 부류에 있
어 관심과 격려와 칭찬과 응원가이기도 한 것이다. 이처럼 인간오류 중
에 비중을 두고 있는 것이 사람심리이다. 심리는 아동심리, 작업심리, 인
간심리 등 여러 분야가 있지만 산업현장과 직접적으로 연관되어 있는
것이 산업심리이다. 이 대상의 주체는 근로자이고, 산업의 역군이다.

  산업심리는 우리 산업사회에서 60년대 말에 산업공학이 기본틀을 잡
고 있을 때 기반 형성을 하게 된 학문이다. 산업현장에 있어 중중요 작
업부분의 진척은 사람에 의해 계획되고 실행되고 있다. 특히 작업의 난
이도가 있을 때에도 작업의 목표를 세분화하고 계획하에 검증을 통해
실행률을 높여 육체적·정신적으로 병행하여 작업함으로써 인적 오류
의 홍크 부분도 추가한다.

  홍크 부분은 일의 특화성으로 시간을 다투는 작업, 위험도가 내재되
어 있는 작업, 정신적으로나 육체적인 가중을 더하는 작업 등은 난이도
가 잠재되어 있다. 그중에 가장 난이도가 높은 것은 심리적인 부분이다.
안전하게 작업하기 위해서는 동료들에게 혹은 후배나 부하들에게 힘이
되는 언어를 건네주는 것이다.

  언어는 사용하는 사람에 따라 언어의 맛이 다르다. 사무실보다 현장
에서, 산만한 분위기를 단단한 조직으로, 흩어져 있는 조직을 단합으로
만드는 힘을 가지고 있다. 그중에 생기를 찾는 언어, 피곤함을 가시게
하는 언어, 자신감을 갖게 하는 언어, 칭찬과 격려가 되는 언어, 즉 언어
의 뉘앙스를 주는 것이다.

  몇 해 전에 우리 교회에 부산의 김성곤 목사가 오셔서 한여름 밤의

말씀 축제인 부흥회 때 3뻐 운동을 설교하셨는데 마음에 와 닿는 말씀이 있었다. 그것은 '기뻐, 예뻐, 바뻐'이다.

'기뻐'는 모든 일에 기쁜 마음을 가지고 임하라는 것이다. 현재 생활하는 것도 기쁘게, 팀원들이 나와 같이 일하는 것도 기쁘게, 불행과 고통을 함께 나눌 때에도 기쁘게, 현재의 문제를 주님이 담대하게 풀어 가도록 믿음의 능력을 주신 것도 기쁘게 하라는 것이다. '기뻐'는 생활철학이자, 마음의 철학인 것이다.

'예뻐'는 자기 자신도 예뻐하고, 옆의 동료도 예뻐하고, 상사도 예뻐하고, 부하도 예뻐하라는 것으로, 말과 행동의 예뻐함을 보여라는 것이다. 크게는 칭찬도 하고 격려도 하고 배려도 하고 내가 약간은 모자란 것같이 남을 예뻐하라는 것이었다. '예뻐'는 현재의 행동과 마음을 바르게 가지라는 의미인 것이다.

'바뻐'는 모든 일에 눈치 보지 말고, 겉으로 보여 주는 것에 치중치 말자는 것이다. 실사구시를 위해 자기의 비전과 목표를 향해 끊임없이 목표 지향적으로 바빠야 한다는 것이며, 결국은 목표를 향해, 미래를 향해 생각의 바쁨을 가져야 한다는 것이다.

인적 오류의 3뻐는 목표를 향해 전진한다는 것이다. 다만 배격해야 하는 것이 있어 몇 가지 서술한다. 마음에 두고 있지 않은 사람, 실행치 않는 사람, 의식을 갖지 않은 사람 등이 작업현장에서의 오류를 발생케 하는 제공자, 원인자임을 간과해서는 안 되는 것이다.

인적 오류로 인해 사고가 난 부서를 보면 안전사고가 없는 부서와는 분명한 차이를 가지고 있다. 현격한 차이는 부서장이든 안전관리자이든, 부서원이든 홍크가 없다는 것이다. 관심과 칭찬과 배려와 경청이 낮다는 것이고 직급 간에 수평적·수직적 충분한 홍크가 없다는 것이다. 감정과정과 느낌이 없는 조직으로 보일 때가 있음을 숙지한다.

사고가 없는 부서는 부서장부터 부서원들까지 안전과 오류에 대하여 입으로 홍크를 자주 한다. 그 내용으로는 도와줄 것은 없는지, 힘든 것은 없는지, 위험부분은 없는지, 애로사항은 없는지 등으로 공감한다. 자 부서 간에, 타 부서 간에 공유의 벽이 없다는 것이다.

서로의 입과 눈으로 홍크를 하고, 눈으로 마주치면서 홍크를 하고 몸으로 부딪히면서 홍크를 한다. 홍크는 신체적 부분에 우선 비중을 두어야 한다.

입은 상대방을 칭찬하고 격려하며, 손은 어려운 사람의 어깨와 가슴을 다독거리고, 손잡아 주며, 가슴은 따뜻한 마음과 훈훈한 정으로, 다리는 고통에 있는 사람을 찾아가서 북돋아 줌으로써 오류를 줄이자. 불안전한 행동을 억제하고 재발방지를 위한 실행을 해 보자. 그러면 홍크는 안전의 방파제 같은 구실을 하는 것을 느낄 수 있을 것이다.

제4절 쓸모 있는 지식과 태도를 흐름에 연관시키는 원칙

16. 다양성 태도가 창조의 생각 시발점이다

현대에서는 창조적인 사람으로 레오나르도 다빈치를 꼽고 있다. 다빈치를 재조명하는 저서들이 현대인들의 생각과 행동이 동기부여를 창조하는 계기가 된다. 파블로 피카소도 자전거의 완장과 손잡이를 가지고 황소의 머리 같은 작품을 만들면서 "창조는 기존의 방법을 재배열하는 것"이라고 했다. 이러한 창조적인 작품이 영국의 경매소에서 130억을 호가하는 금액으로 낙찰됨을 볼 때 우리는 창조적인 생각이 일반적인 생각보다 가치가 배가됨을 알 수 있다.

마이클 겔브의 『레오나르도 다빈치처럼 생각하기』라는 저서를 보면 다빈치의 능력 중에는 7대 원칙이 있다. 그중에 나는 개인적으로 소제목으로 언급한 7대 원칙 중에 마지막 원칙인 '한 가지 아이디어로 다양한 분야와 엮는 연결습관'에 관심을 두고 있다. 새로운 방향과 각도로 일의 시작점을 찾는 시발점이 되는 것이고, 창출과 창조의 전환점이 되는 것이다. 심리학에서도 마인드 이론은 첫 단어가 연계성을 지어 지속적으로 꼬리를 물고 다양한 형태의 구상과 아이디어로 이어지게 하는 것이다. 형태와 전체 형상을 가져와 맵을 형성하게 될 때 이것을 마인드맵이라 한다.

인적 오류에도 사람에 대한 의존성이 크게 좌우되기 때문에 기억관점으로 볼 때 판단의 기억과 인지의 기억과 상황에 대한 기억과 환경에 대한 기억 등으로 연결된다. 기억의 결과를 신호음인지, 잡음인지를 분명하게 구별하고 인지하여야 한다.

현장에서의 인적이든 물적이든 모든 신호음에 대한 시그널(Signal)이거나, 잡음의 노이즈(Noise)에 대하여 간과해서는 안 된다. 잘못 판단하여 신호음을 잡음으로, 잡음을 신호음으로 판단하면 오류에 대한 신뢰성으로 많은 판단에 대한 오판을 가져올 수 있다는 것을 인지해야 한다.

오류로 인한 잠재예상이 문제점으로 가시화될 때, 사람에 대한 다양성을 추구해야 한다. 다양성은 조직에 있어 학습조직이 가장 이슈이다. 조직의 형태는 과거에는 자기 일에 깊게 파고드는 'T'형으로 전문성을 요구했지만 현재는 'H'형을 요구하고 있다. 크게, 넓게 하고 광범위한 지식과 깊은 학문이 점점 심층화되고 있는 형태인 것이다. 사람에 대한 전문적 지시, 경험과 노하우, 차별화된 기술, 조직을 다루는 방법에 대하여 연결고리를 가지라는 것이다. 물론 인적 오류예방의 프로세스도 사람의 행동관점으로 초점을 맞춰 가야 하는 것과 동일한 형태이다.

눈에는 착시와 같은 현상을 유발할 수 있는 부분이 없는지? 머릿속에는 시간이 지나감으로 인해 기억 속에서의 영상은 점점 사라지는 에빙하우스의 망각곡선이 되지 않도록 임시적인 부분이 아닌 영구적이고 지속적인 오류 예방책을 갖추고 있는지를 점검하여야 한다.

근로자의 머리와 목과 어깨와 팔과 손, 허리와 다리는 반복적이고 무거운 작업부하로 인간공학적으로 개선해야 할 부분을 노출시키고 있다. 시간적으로나 공간적으로 환경과 전문성이 결핍되어 인지, 경험, 판단이 선행되지 못하고 실패와 실수가 발생될 에러를 병행하고 있는 것이다. 산업재해의 예방 차원에서 개인의 창조는 각 개인의 안전의식을 해결하는 방법으로 인식이 확대되어야 한다. 각 개인의 구성원이 적재적소에 필요한 안전의 보완점을 찾고, 관심으로 유도해서 방어하는 상태가 전제된다면 창조의 접근을 시도 중인 것이다.

17. 쓸모 있는 오류와 쓸모없는 오류

쓸모에 대한 정의는 국어사전에서 "쓸 만한 값어치, 이용가치 혹은 쓰이게 될 자리"라고 설명하고 있다. 인간에게 오류는 쓸모없는 문제의 부류이지만 경우에 따라서는 역발상으로 쓸모 있는 값어치로 더 큰 문제를 사전에 예방할 수 있는 방안이 존재한다. 존재의 필요성은 재발방지와 예방 차원으로 효용의 가치를 높이는 데 목적이 있다. 기업에서도 실패하는 경험과 사례를 철저히 공부하고 있다. 인간의 오류에 주력함으로써 좀 더 가치를 창출하기 위한 방편인 것이다. 실패를 거울 삼아 재발이 안 되도록 하는 밑그림이 깔려 있는 사상이다.

다른 관점에서의 방향은 느끼는 정도에 따라 정례한 부분의 한 과정으로 지나쳐 버려 차후에 중요한 사항에 문제가 생겨 끝없이 추락할 것인가를 판단하고 생각해야 한다. 오류에 대한 문제를 철저하게 분석하지 않고 완벽한 대책을 세우지 않고서는 동종과 동일 사고가 되풀이된다. 재발(再發), 삼발, 사발, 오류의 중요성을 볼 때 사고의 연속성을 제거하고, 예방가치를 높여 쓸모 있는 것에 대한 오류가 초점이 되어야 한다.

우리는 쓸모라는 단어를 선입견 측면에서 생각하면 긍정적이고 합리적인 부분으로 본다. '쓸모 있다'라고 하면 외형적이고 가시적인 판단으로 결정한다. 쓸모는 기회의 일차적인 판단으로 개인의 선입관으로 판단하는 것이 일반적인 견해이다.

내실 있는 쓸모는 시간이 필요하고 많은 분석이 필요하고 의견과 공유를 해야 하는 전제가 수반되기 때문에 일차적인 것으로 많은 비중을 둔다. 쓸모의 진정한 의미는 마음속에 의미하고 있고 생각을 먼저 피력해서 쓸모로 인한 우리의 생각과 행동이 인간의 오류에 유익성을 추구함으로써 진정성에 추구되는 의미를 가져 보자. 정확한 쓸모는 하드적이든 소프트적이든 기업에겐 이익이고, 개인에겐 자아실현이고, 안전에서는 무재해이고, 사회에 있어서는 쓸모 있는 인프라로 안정화가 우선이다.

실패에 대한 내용이 깊고, 짙어도 발생의 결과를 최소화할 수 있는 것은 문제를 인적·물적 요인들로 결합된 부분중에 인적오류까지 보아야 종합적인 문제해결의 실마리를 잡는다.

사전조율과 사후조율이 필요치 않고 실패조건에 대한 내부요인과 외부요인에 문제가 없다고 보면 환경요인의 사람 관계된 중요사항이 큰 장애요인으로 가져올 수 있음을 간과해서는 안 된다.

리스크가 크거나 위험성이 만만치 않을 정도로 중요하다면 문제발생 시 피해크기에 따라 재해범위나 시뮬레이션 범주의 가상으로 예측할 수 있는 것이다. 실현의 범위가 대규모라면 동일상태의 전제조건은 필수가 되어야 한다. 쓸모는 장애요인을 놓고 성공요인으로 끌고 가기 위해 억제와 감소도 있지만 조율과 조절과 통제와 기획과 관리와 실행으로 오류를 최소화하는 것이다.

인간의 오류로 인한 문제나 사고는 인간이 원하든, 원하지 않든 실패나 오류를 이슈화한다. 그래서 개선하고, 줄이고, 근본적 제거를 통해 사고나 실수가 없도록 진행하고, 결과적으로 무재해를 이뤄 내는 쓸모 있는 오류와 쓸모없는 오류 차이는 무엇일까?

쓸모가 있는 오류는 예전의 실패를 철두철미하게 분석하고 데이터화해서 재발하지 않는 것이며 한 단계 향상하기 위한 고군분투의 상황이며, 쓸모없는 오류는 전자의 프로세스를 실행하지 않고, 재발을 일삼는 것이며, 진보 없는 과거편력적인 것이다.

인간의 정보처리 모델을 거론할 때 신호검출이론(SDT: Signal Detection Theory)이 꼭 나온다. 신호를 잡음으로 판단할 수도 있고 잡음을 신호로 판단할 수 있는 것이 인간이기 때문이다. 신호를 잡음으로 검출하면 미스(Miss)가 되고, 잡음을 신호로 검출하면 그릇됨(False)으로 판단할 수도 있다. 결국 인간의 실수에 대한 미스와 그릇됨일 것이다. 내 자신이 가치를 주제로 놓고 쓸모와 오류의 유무로 관계 형성의 관계를 운영기준으로 정의한다. 가치의 분류를 쓸모와 오류의 유무로 평가해 본다.

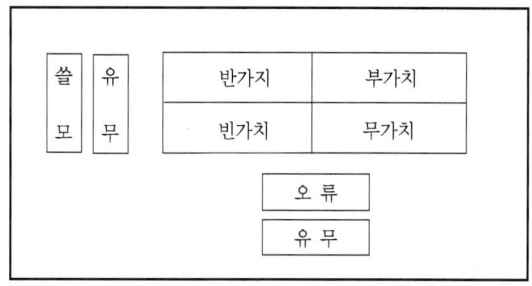

〈쓸모와 오류의 관계모델〉

부가치란: 쓸모가 있고, 오류가 없는 것.
무가치란: 쓸모가 없고, 오류가 없는 것.
반가치란: 쓸모가 있고, 오류가 있는 것.
빈가치란: 쓸모가 없고, 오류가 있는 것.

18. 인간행동의 요인, 인자, 요소의 흐름을 보아라. 답이 보인다

인간의 불안전한 행동에 대해 오류를 정의하고, 분석해서 해결하는 경향이 있는데 경우의 수는 많이 존재한다. 불안전한 행동은 "안전한 상태를 불안전한 상태로 바꿔 놓은 행동과 재해로 이어지는 조건을 진행시킬 우려가 있는 행동"으로 총칭한다.

인간의 행동은 일반적으로 현재의 편안함과 안락함으로, 장래의 이익보다는 지금, 손해보지 않도록 하며 자기중심적 행동으로 이어진다. 인간의 행동을 습관화하고 현재화하는 경향으로 가는 것이 인지상정의 상태이다. 욕구, 불만, 군중 심리 등으로 가중화되어 심리적인 강한 요소의 지배를 받으면 확인과 검증 없이 불안전한 행동으로 이어질 수 있다.

인간의 행동을 규제하는 요인은 내적과 외적 요인으로 분류한다. 내적 요인은 소질, 심리, 인지, 감각, 경력, 의욕, 심신의 상태이며 외적 요인은 인간관계, 자연적·물리적 조건, 공간적·시간적 조건으로 나눈다.

인간의 불안전한 행동 특성인자 원인으로 지식, 기능, 규율, 태도 인지 등으로 다섯 가지 유형을 분류하여 분석되고 있다. 그 중에 인지는 '알지 못한다, 잘 안다, 조금 배웠다, 모른다, 잊어버렸다'로 세분화해서 문제에 접근하여 분석하게 된다.

불안전한 행동의 결함 요소는 선천적 요소와 후천적 요소로 나눌 수 있는데 정신, 신체의 선천적 요소와 지식과 기능과 태도나 규율은 후천적 요소로 전자의 특성과 유사하다. 불안전 행동의 에러 영향인자를 의도하지 않은 것과 의도한 것으로 분류해 실수와 미스를 두고, 실책과 위반으로 정의하기도 한다.

인간의 행동은 인지과정을 통해 이루어지는데 외부입력으로 정보를 입수해서 대뇌정보처리 과정에서 의사결정을 하고 결과의 출력의 개념으로 행동을 하게 된다. 피드백과 주의라는 부분은 항상 존재하는 부분이다.

인간의 행동결함에 의한 에러 측면에서 보면,
위험성 작업과 판단하에 진행할 때의 지식 부족과

안전한 작업을 하기 위한 능력 부족과

안전한 작업을 하기 위한 의욕 부족과

안전한 작업을 하기 위한 부적절한 태도

안전한 작업을 하기 위한 주변 인프라의 미인지, 미숙지 등으로 완전하지 못한다.

인간 본래의 기인한 오류가 존재하게 되는데 기본요인과 세부요소로 인해 결국 인간의 에러를 만들게 된다. 안전을 산업현장과 근로자가 작업하는 곳으로만 한정하지 말고, 인적 오류를 가져올 수 있는 안전범위의 요인을 찾아내는 것이다. 안전 관련되어 분석 결과를 하기 위한 안전 관련 연구원, 어떤 목표를 두고 시간과 열정과 열공(熱工)하는 안전 관련 입안자들도 인적 행동의 요인과 인자와 요소를 찾아내어 관리할 수 있다. 컨트롤할 수 있는 시스템을 운영한다면 미래의 향후방안은 어두운 것만은 아니다. 말장난을 하는 것은 아니지만 요인은 원인의 항목이고, 인자는 관계 형성의 항목이고, 요소는 효력 발생의 항목으로 보아야 하는 작은 구성체이다. 발생의 팩트만을 가지고 있을 때 요인, 인자, 요소는 각개의 성능으로 인한 단계의 동기부여 임팩트임을 인지하고 접근한다면 문제의 답은 전체의 실마리를 갖게 된다.

19. 오류 연상법을 훈련시켜라, 창조력의 기반이 된다

연상법은 점성술과는 다른 마인드 컨트롤의 한 분야이다. 현재 사람을 상대로 하는 심성관리, 인성교육, 외국어 언어 능력으로 학습의 한 교육과정으로 사용하는 것이 일반적이다. 연상법이 언어 영역의 대역에서만 효과나 방법이 있는 것은 아니다.

안전에서의 연상법은 그리 흔하지 않지만 조직 안에서 혹은 안전 서클에서 안전에 대한 의식 차원으로 자주 사용하고 있는 것이 있어 좋은 방법 하나를 소개하고자 한다. 이 방법은 산업현장문제의 연상관계를 생각하고, 느끼게 하는 사고(思考)의 스킬이다. 팀원들에게 자주 상기시키고 연상법을 향상시키기 위해 소집단에게 훈련시켜 보았다.

　구체적인 방법은 한 가지 문제를 놓고 해당되는 문제점을 많이 도출시키는 안전도출 스킬방법이다. 어느 정도 교육이 되면 문제를 보는 눈이 높아지게 되고 잠재되어 있는 불합리를 도출할 수 있는 능력을 받기 전보다 월등히 향상되는 방법을 가지게 된다. 물리치료 방법처럼 처음은 그렇게 효과를 볼 수 없지만 어느 정도의 수준에 올라오면 도움이 된다.

　인간의 오류에 대한 인식은 전문인이나 많은 경험자를 제외하고는 1차원적 해결책에 급급하고 있다. 1차원적인 부분은 일반 성과를 갖기 위한 본능적인 눈높이 연관성을 갖게 됨을 찾는 것이다. 아는 만큼 보이고 아는 만큼 생각이 들 수밖에 없는 것이 현실이다. 요약하면 남만큼 해서는 남 이상 될 수 없는 이치와 같다.

　보통 사람들은 문제가 생기면 단순 조치로 해결하고 만다. 반복되거나 문제가 크게 일어날 수 있고, 한번 발생되면 피해가 크고 원상복귀에 많은 시간과 투자가 드는 것이라면 인식의 연상법을 꼭 반영해 보도록 권한다. 문제의 1차원적이 아니라 여러 관점에서 발생할 수 있는 경우의 수를 놓고 사전에 준비해야 한다. 창조적이고 고정관념의 생각을 역발상 개념으로 하기 위한 예를 들어 본다.

　가령 빨간 벽돌을 무엇에 이용할 것인지를 A4지에 시간을 정해 놓고 적어 보라고 하자. 무엇에 이용할 것인지는 인지의 연상법을 상기시키기 위한 것이고, 피실험자에게 시간을 두는 것은 많은 정보에 의해 뇌의 기억장치를 이용해 피드백 시스템이 원활하게 가동되는지를 보기 위한 것이다. 사람의 뇌는 나이가 들수록 단기기억에서 장기기억으로 가는 기억력이 없어지게 된다. 뇌의 인식의 조건을 자주 사용하므로 전환에 대한 적응력이 좋아진다고 본다. 인식은 적응력과 응용력과 유사 대응력을 얼마나 유연하고 신속하게 연상하느냐는 것이다.

창의적인 생각하고도 연계된 방법인지도 모른다. 그렇지만 현장 링크 관계법이라 칭한다. 실시해 보면 현장을 몰라도 창의적인 발상으로 남들이 찾지 못하는 항목을 눈에 띄어 찾게 되어 기록을 한다. 현장경험이 많은 팀원은 실제 경험에서 나온 문제처럼 생각하면서 기록하게 된다. 현장의 대응력이 강하다는 생각을 가지고 있는 것과 같다.

어느 정도 기록을 하게 되면 더 이상의 한계에 부딪히게 된다. 예를 들면 "빨간 벽돌로 무엇을 할 것인가"를 적으라 했던 결과를 보면 팀원은 "소꿉놀이의 테이블, 소꿉놀이의 밥상, 꽃밭의 울타리, 화분의 받침대, 책꽂이, 장식용 받침대, 의자, 건축용의 벽, 기둥, 굴뚝, 싸움용 도구, 돌치기용, 베개, 방석, 의자, 된장 항아리의 받치는 돌, 돌다리, 아령 대신용, 천막의 지지대, 차가 빠졌을 때 바퀴받침용, 담장" 등이 나왔다. 이 연상법에 대한 장소와 내용은 따로 준비 없이 누구든지 같이 이야기할 장소와 구성원들만 있으면 된다. 그래서 다 같이 상상과 인식으로 답을 구하는 자리가 되어야 한다.

산업현장에서 배관에 구멍이 났다고 할 때 발생할 수 있는 문제를 경우의 수로 보자. 원인에 대하여 자유분방하게 토론을 할 수 있는 연상법, 즉 현장 링크 관계이론(RTFAL: Relation Theory of Field Area Link)이라고 하자. 이렇게 했을 때 집단토의나 개인 의견을 조율해 보면 많은 문제점에 대한 해결책의 경우 수가 제시가 된다. 대책의 일환으로 해결책을 단기, 중기, 장기 유형으로 분류한다. 다양한 대응책이 사람, 투자, 품질, 시간, 비용, 안전, 노후화, 교체 주기, 설비, 변경점 관리 등이 도출

됨을 확인하게 된다. 아래와 같은 방법으로 진행해 보자.

<현장 링크 관계이론의 진행 순서>

1. 진행자가 참석한 수만큼 A4 용지를 나눠 준다.
2. 진행자가 참석한 사람이 글을 쓰는 데 방해요소가 없는지 확인한다(필기구를 준비한다).
3. 연상법에 대하여 간략하게 설명한다(예를 들면 주제: 연필로 할 수 있는 것을 적으라고 한다).
4. 3번의 상황에 대해 이해한 것을 확인한다.
5. 진행자는 제목을 말하면서 시작한다(시간은 1분으로 제한한다. Stop Watch 이용).
6. 서로의 의견 교환을 하지 못하게 한다.
7. 시간이 되면 '스톱'이라고 말을 하고 작성을 멈추게 한다.
8. 수거를 한 후 진행자가 전체 몇 개를 적었는지 칠판에 적도록 한다(미비: 3개 이하, 보통: 3~5개 내, 보통이상 5~7개 내, 우수: 8개~10개 내, 매우 우수: 10개 이상).
9. 각 개인에게 몇 개가 작성되었는지를 발표하고 특이하게 표현된 단어는 이해가 되도록 질문과 답을 하도록 해서 인식을 갖게 한다.

* 10개 이상 작성한 사람은 생각의 다양성을 가지고 있다고 본다.
* 처음 시작하는 팀은 생각에 대한 유연한 시간(Flexible Time)을 갖게 해서 약간의 이해 공감대 형성을 가져야 한다.

---

20. 잠재적 문제해결책에 1% 더 집중하자

몇 개월 전에 서울대학교의 환경대학에서 강의하시는 모 교수님과 이야기를 나누는 중에 자전거 얘기가 나왔다. 모 교수님도 자전거를 즐기는 분이었으나 손목에 무리가 되어 요즈음 잘 타지 않으신다고 하면서 자전거의 안전사고 예방에 대하여 여쭤 보았다. 프로세스의 접근법, 즉 해결방법으로 다섯 가지 요인을 시설, 문화, 행동양식, 프로그램, 시스템

측면으로 집으셨다. 요인에 대한 사항은 자전거 문화가 사전에 갖춰져야 할 인프라와 필요와 충분조건이 아닐까 하는 생각이 든다.

학문적으로 접해서 방법을 찾기보다는 자전거 전용을 위한 사용자의 측면에서 우선적으로 선행되어야 한다. 이렇게 반영하고, 병행해서 관공서인 주관부서에서 방향과 정착화를 위해 요구된 사항을 점진적으로 개선한다면 시민들이 활용과 사용에 대한 안전성은 높아질 것이다. 시민들이 공간 활용과 사이클도로 부분도 시민들의 문화공간으로서 확고하게 운영되므로 안전의 목표인 인류복지 증진에 기여하게 된다. 이와 반대로 관계 개선이 안 되면 잠재적 문제도 여기에 우리나라의 산업재해의 1% 이상 숨어 있는 것과 같은 것이다.

사람이 인적 오류를 범하게 되는 최악의 시점은 잠재적 문제가 수면 위로 떠오르게 되는 팽창단계이다. 그 이전에는 주관적이든 객관적이든 인적 오류를 범하는 단계는 불안전한 프로세스 과정을 거치는 단계가 된다. 심각한 사고의 발생원은 인적 오류에 대한 정확한 인식을 모르고 생기는 것이어서 잠재적 요소의 인지 및 심리를 아는 데서 출발해야 한다.

개인과 조직의 사고요인이 인적 오류의 한 줄기라고 하면 기업들의 위기관리에 대한 문제일 것이다. 기업이 자동차 회사이든, 항공사이든, 화학이나 섬유 회사이든, 전기 회사이든, 선박 회사이든, 음식가공업이나 운수기업 등이 포함될 것이다. 문제의 발생원인은 사람으로 인적 오류가 시발점이 되는 것이다.

그 사례는 화재나 가스, 케미컬 누출로 인한 재난사고, 환경 피해로 이어져 우리가 상상을 못 할 재해가 발생한다는 것이다.

해결하기 위한 방법은 불쾌하면 불쾌함을 제거하기 위한 만연된 룰을 깨라는 것이 시작의 1단계이자, 우리 내부에 있는 적을 제거하는 원칙으로 단계의 첫발을 내디뎌야 한다.

잠재적인 문제, 즉 숨어 있는 문제는 위기관리와 사고 발생의 필요와 충분조건으로 발생시킬 보완관계가 되는 것이다. 잠재적인 문제가 1차적인 것이라면 위기관리는 2차적인 것이고, 잠재가 내면적인 것이라면, 위기는 외면적인 것이 된다.

　잠재는 인간의 오류를 발생시키는 보이지 않는 요소이다. 즉 전문가가 아니면 볼 수 없는 숨어 있는 요소(Hidden Factor)이자 문제인 것이다. 사람은 이와 같은 흐름의 원인에 대한 명확한 인지를 해야 해결의 시발점을 갖게 된다. 인적 오류의 시발은 질적 수준이 낮은 사람이 발생시킨다기보다는 비정상 형태의 발생원을 도출하기 위한 방법을 찾아야 한다. 그것이 한국의 강점이고 한국의 강점인 열정인 교육이 우선 접근이 필요하다.

　인간오류의 연구는 산업 안전공학이면서 시스템 안전공학이고 결국 위험요소인 인적 오류 부분을 제거, 제어를 하기 위한 과학적 · 공학적 접근이다.

　허성관 박사의 재해이론에서 기술적 · 교육적 · 환경적 · 인위적 · 심리적인 5개 항목을 사고원인에 대한 대책이라고 한 것처럼 사람에게 관련된 부분에 대하여 많은 비중을 두고 있다. 잠정적인 인적 오류에 대한 사건과 사고에 대하여 리스크가 발생된다. 요인 중에 핵심관리해야 하는 방법을 예방 차원에서 중점화하도록 5개의 원칙을 정해 본다.

<인적 오류 잠재적 예방을 위한 5대 원칙>

1. 가시적 · 위험적 · 잠정적 요인을 **들춰 본다.**
2. 없앨 것, 피할 것, 줄일 것 등을 **세분화한다.**
3. 작업방법, 작업적용, 작업운영이 일상적인지 **확인한다.**
4. 리스크 관리의 우선순위를 정해 **관리한다.** 관련 사람은 공유, 인식, 대응, 해결방법을 **숙지한다.**
5. 조치에 대한 실행을 높이고, 완전한 **끝맺음을 한다.**

사람에게 있어서 오류의 발생요인은 외형적인 부분으로 보면 무한지수로 보인다. 환경적인 여건에 따라 비율을 달리하는 인적 오류가 있어 본질적인 접근이 되어야 한다. 본질적인 접근은 인적 오류에 있어 어림잡는 정성적 계수치보다 정량적 계수치로 발생의 건수를 분석하고 분류화하는 실질적인 문제해결의 접근이 되어야 한다. 그렇다면 기업의 위기관리를 어떤 식으로 문제의 해결 프로세스를 갖추고 있는지 알아보자.

하버드 대학교 경영대학원에서 기업의 위기관리 5단계를 분류했다.

1단계: 관리팀조직
2단계: 문제의 규모 결정
3단계: 관리 전략 개발
4단계: 개발된 전략의 효율성 측정
5단계: 관리 계획 수정, 보완을 제시

결국 5단계는 조직에 의해 문제를 정의하고 해결을 위한 전략을 세우고 실행에 대한 조치와 결과에 대한 가시화를 위한 수치화해서 성과화하고 지속적인 피드백을 하라는 것이다.

인적 오류에 대한 해결책을 기업 측면에서 우선 중요시해야 할 사항의 첫 번째 주체는 사람과 팀원이다. 두 번째도 문제의 현황을 파악한 것같이 정확한 문제의 정의이다. 접근해 보자. 생각하지 못한 문제들을 보면 해결해야 할 요인들이 보일 것이다. 위기관리의 솔루션은 해결할 사람과 일의 크기와 해결해야 될 방법과 진행과정의 측정을 통해 지속적인 보완으로 풀어 가야 한다.

인적 오류 예방 5대 원칙과 기업 위기관리의 5대 원칙을 비교해 보면 두 가지 공통점이 있다. 하나는 개념 정립이 아니고 솔루션의 프로세스를 정립해서 수평과 수직의 횡전개로 지속적이고 끊임없는 개선과 보완을 병행한다는 것이다. 인적 오류와 기업 위기의 솔루션의 키맨(Key Man)은 사람이고 팀원이고 조직원이다.

두 번째는 정확한 문제의 정의를 한 것이다. 보이지 않는 함정에 빠지지 말고 장애물을 제거하되 문제점의 갭을 파악한다. 다양한 경험과 능력과 불일치로 함정에서 과감히 탈피해서 집중하는 것이 더 중요하다는 것을 언급하고 있다.

제3장

스트레스
원칙

제5절 일의 스트레스를 프로세스하자

21. 일의 다양성을 구축하기 위해 연결고리를 네트워크하자

일의 문제점을 분석하고 해결하기 위해 패턴과 형태를 보자. 가장 기본적인 것이 한 가지에 한 개의 연결고리가 기본 형성이고 일반적인 구조이다. 연결고리의 연결점은 사람에 의해 크게 좌우되지만, 일에 대한 문제의 요인편중성을 가지고 있다. 일에 대한 편중성의 항목들은 의사결정, 조직, 작업, 운영, 관리, 설비, 자동화, 변경점, 해결점의 프로세스 같은 것들로 다양성을 가지고 있다. 항목은 구분화 되어있고, 요인은 세부화되어 있다. 연결고리가 어떻게, 어떤 방법으로 이루게 할 것인지가 구체적이고 세분화되어 있지 않으면 연결고리의 효과성은 없다.

예를 들어 야구에서 상대팀과의 같은 동점 상황의 원아웃에서 대타를 기용할 때 구체적으로 지시하지 않고 감독이나 코치가 선수에게 "잘 해보자"라고 한다면 그 선수 자신의 잠재력을 알고 믿고 맡긴다는 것이다. 그러나 감독과 선수 간에 정확한 연결점과 연결고리를 찾아야 한다. 연결점은 어떤 선수를 기용해야 하는지와 연결고리는 어떡해서든지 타석을 나가는 것이다. 그 방법은 안타를 쳐야 할지, 번트를 해야 할지, 자기의 장점을 살려 장타를 쳐야 할지, 희생플라이를 쳐야 할지를 결정하여 실행하는 것이다.

결국 야구는 감독과 코치와 선수가 연결고리와 연결점을 정확히 인지하고 자율과 타율의 복합성을 가지고 다양성의 운영 안에 이루어져야 한다. 그동안에 데이터와 훈련과 시합과 선수의 기량을 근거로 그 시간에, 그 상황에서, 어떤 선수가 연결점을 찾는 선수인지를 정량적으로 판단하는 것이 되어야 한다.

국내감독 중에 김성근 감독의 선수 기록관리 자료를 본 적이 있다. 선수의 일거수일투족이 기록되어 있는 것을 보고 이 감독은 승리를 위한 선수의 연결고리 파악이 잘 되어 있고, 누구보다도 꼼꼼하게 데이터 관리하고 있는 분이란 것을 알 수 있었다.

연결고리는 이기기 위한 매개체 역할을 해야 되는 것으로 전 타자와 다음 타자에게 현재의 타자로서 역할을 해야 하는 것을 말한다. 연결점은 승리를 위한 연결점, 즉 점수를 내기 위한 방법의 요인을 얻는 것이다. 연결고리는 중계역할의 구심점을 찾고 연결점은 목표를 위한 방법을 강구하는 것이다. 연결고리와 연결점을 잘하기 위해서는 사람에게 전달하는 3C를 활용하기를 권한다. 3C는 '의식(Conscious)해라, 정확(Correct)해라, 집중(Consent)해라'이다. 즉, '호랑이에게 물려가도 정신만 차려라'의 분석에서 '호랑이'는 의식이고, '물려가도'의 의미는 정확이고, '정신만 차려라'의 의미는 집중이다. 의식은 문제의 연결고리 핵심 포인트를 알아 생각을 실천으로 옮겨 목적을 달성하는 것이다.

정확은 문제의 연결고리와 연결점을 어느 시점과 환경에서 링크시켜야 하는지를 알아서 오발이 안 되도록 하고 더 나아가 적중을 시켜 좋은 결과를 성취하는 것이다. 집중은 연결고리와 연결점에 집중도를 높여 이길 수 있도록 치중하는 것이고 일단 목표로 삼은 것에 도전과 극기로 정신력을 다하고 추진해야 하는 것이다. 현장에서의 작업자들로 인해 인적 오류에 대한 사건과 사고가 발생하면 다음과 같이 4개의 크고 작은 연결점을 찾는다. 4개의 연결점은 현장에서의 인적 오류가 생기면 현장 중심으로 인터로크에 대한 중점을 두고, 지수와 지표를 한다. 모니터링을 해 인프라를 구축하는 내용으로 추진한다.

<안전의 중점운영 프로세스>

◈ **직접 현장을 보고 운영하라**
· 문제점의 발생에 대한 근본이유 및 발생원을 찾아라.
· 리스크를 우선순위화해라.
· 항상 현장에 답이 있다고 생각하라.
· 프로세스화되어 있지 않은 부분이 있는지 확인해라.

◈ **수치화, 도표화를 운영해라**
· 트렌드 관리로 경향치를 명확히 판단해라.
· 계획과 목표의 실행치를 높여라.
· 방향설정 → 우선순위의 정렬 → 권한 위임 → 모델링해라.
· 핵심가치에 역점을 두고 있는가를 판단하라.

◈ **인프라를 구축해서 운영하라**
· 모니터링하라.
· 하드웨어를 완전하게 프로세스화해라.
· 대응체계를 다양화해라.
· 시스템을 만들어라.

◈ **설비 중심의 리스크를 완벽하게 운영해라**
· 설비에 대한 안전장치를 높여라.
· 매뉴얼과 시스템화해서 표준화·기준화·지침화해라.
· 위기대응에 대한 책임과 역할에 대한 대응을 철저히 해라.
※ STEP별로 움직여라. → 위기대응훈련 습관화해라.
· 보고체계를 체계화, 훈련하고 지속적으로 보완해라.

---

22. 고객요구의 해결 관련어를 수집해라

어떤 사람이든 주어진 업무를 처리하기 위한 방법에는 두 가지가 필요조건이다. 처리하기 위한 해결방법의 하나는 속도이고 또 다른 하나는 프로세스인데 완급을 조율해 가면서 추진해야 한다. 결과적으로 잘할 수도 있고 못할 수도 있다. 앞의 두 가지 중에 하나는 과정 중심형이고 또 다른 것은 결과 중심형이다.

추진의 주체가 사람과 일이다. 사람이 중심이면 사람이 주체이고, 일이 부제가 될 것이고 일이 주체라면 사람은 부제일 것이다.

일반적인 것은 업무가 사람 중심의 일로 이루어지기 때문에 자기중심적인 판단으로 사람을 접하게 되고 대응하게 된다. 일의 추진자가 사람을 중요하게 생각하고, 사람에 따라 중요와 필요를 네 가지로 구분해 본다.

첫 번째, 중요하고 필요한 사람인지, 두 번째는 중요하지는 않지만 필요한 사람인지, 세 번째는 중요하긴 하지만 일의 추진에 따라 필요 유무한 사람인지, 네 번째는 필요치도 않고, 중요하지도 않은 사람인지를 판단하게 된다.

사람 중심이 아니고 일 중심이라면 정반대 같은 방법으로 생각하게 될 것이다. 일 중심의 문제는 토의를 통해, 문제를 정렬하고, 각자에게 일의 책임을 위임 및 조율하고, 진행과정에 대한 의사결정과 프로세스를 진행하면서 모델링을 하면 될 것이다.

사람, 일과 동시에 반영되어야 하는 것이 현장에서의 인적 오류로 가장 관건이다.

인간공학에서는 인간과 기계의 관계(HMI: Human Machine Interface: 인간과 기계의 인터페이스)이다. 환경안전을 주된 업무를 하는 부서원들과 함께 주제를 두고 자유롭게 작성을 하게 했다.

내용은 '**인적 오류를 예방하려면 (   ) 해야 한다**'라는 주제로 일부 부서원 30명 대상으로 두 글자로 된 단어 설문조사 결과 110개를 도출하였다.

그중 가장 많이 나온 단어는 점검(8), 개선(7), 교육(6), 관리(6), 표식(5), 인지 (4), 투자(4), 문화(4), 프로세스(3), 시스템(3), 환경(3), 표준(3), 행동(3), 문화(3), 인증, 평가 순으로 나왔다. 도출된 단어들이 전체 키포인트 단어라고 결론을 내릴 수는 없지만 거론된 단어들끼리의 매트릭스를 짜 보자.

점검과 개선, 교육과 관리, 표식과 인지, 투자와 문화, 프로세스와 시스템, 환경과 표준, 행동, 문화 등이 핵심키워드가 되는 것이다. 현장 중심과 현장 관리와 작업자의 심리, 경영자의 의사 결정이 설문서로 통해 얻은 자료를 근간으로 한다.

전체 대표어가 될 수는 없지만 인적 오류의 공통점을 찾을 수는 있다. 문제에 이슈된 단어는 이차적인 오류의 발생원이기보다 일차적인 문제, 즉 직접적인 원인에 접근한 단어라고 본다. 관련어가 감성공학의 형상어처럼 거의 유사한 단어이다.

예를 들어 40대 여성의 커피잔의 감성어를 찾는다고 할 때 '고상하다', '우아하다', '품위 있다', '멋지다', '부드러움이 있다', '가치가 있다'는 식으로 형상어를 찾는다.

인적 오류에서 관련어를 들추어내고, 방향성에 맞는 형상어를 찾고 형상어의 연결고리를 연결점으로 이어지도록 찾는 것이 결국 해결점의 포인트를 찾는 것이 된다. 인적 오류란 실수나 인지의 부주의로 발생되는 안전의 고리라고 생각되지만 인적 오류란 모든 환경에서 발생되는 불안전한 인간의 행동과 상태로 기인되는 것이다. 인간의 심리에도 오류란 비중을 크게 잡고 있지만 추가적인 부분과 인지에도 많은 비중이 편중되어 있다는 것이다.

인간오류 예방 인지에 대한 단어를 적용해 보자.

'인적 오류를 예방하려면 (   ) 해야 한다.

⬇

감동	고민	금지	배워	수리	안전	유도	제어	차별	표현
감수	고수	노력	변화	숙면	액션	의식	조심	천거	필벌
식별	고정	노련	심플	숙지	연결	의심	조절	철거	학습
감시	공부	단순	분석	순수	연구	인지	조치	체크	합동
개선	공유	대응	빨리	순찰	연락	일치	주의	체험	행동
걱정	과감	독서	반듯	시견	예방	자숙	지도	투명	홍보
건강	관리	마킹	사고	시인	예측	자주	지속	투자	확실
검증	관심	만류	사수	식별	완료	절감	지시	특별	확인
격리	관찰	먼저	사용	실천	완수	점심	지원	포상	훈련
경계	교육	미리	사전	실행	운동	정신	진실	표기	휴식
경합	교체	반복	생각	응용	운영	제거	집중	표시	PM

· PM(Prevent Maintenance: 사전예방)
〈인적 오류예방 블랭크 - 풀(Blank Full) 단어 넣기〉

23. 제한된 합리성에서 생각은 뛰쳐나오라.
그러면 무한정의 생각이 된다

우리는 자주 문제점의 대책을 세울 시 의사결정을 하고자 할 때가 있다. 성공적인 의사결정을 위해 규칙성과 일반성과 위험성과 경계성의 네 가지 원칙을 적용한다. 정반대로 실패한 의사결정은 불규칙성과 예외성과 안일한 안전성과 소홀히 하는 방심성이 존재한다. 성공적인 의사결정을 위한 필요 요소들은 올바른 태도, 영역의 파악, 관계 구축의 유무, 과정 관리에 대한 명확한 방향 설정, 문제의 결과를 도출하기 위한 노력 등이 성패의 조율이 되고 있다.

해결책을 고안하고 구축하고 유지하기 위한 디테일의 부분에는 사람도, 도구도, 시스템도, 최소한의 자원도, 정보도, 진화된 프로세스도 균형과 조화가 이루어져야 한다. 복잡한 문제에 직면했을 때 우리는 문제의 얽히고설킨 모든 것을 파악하지 않고 문제의 본질적인 특징과 차별화된 부분만을 추출하려고 한다. 최선인 양 단순화된 모델로 구성해서 결론으로 매듭을 짓는다.

문제의 성질이 개인보다 조직에 가까운 난제로 발생한다면 해결은 여러 번의 토론을 거쳐 합리성에 가까운 것을 도출해서 이루어져야 한다. 여러 가지 문제에 대한 리더의 주관적인 의사 결정도 필요하겠지만 조직구성원들이 합리성에 대하여 얼마나 최적화를 도출하느냐가 중요한 사항이다.

제한된 부분의 울타리를 넘어서고 강하게 추진하다 보면 강제성과 타율성이 아닌 자율성과 합리성에 도달하게 된다. 의식과 전문적인 의견이 수렵되어야 하는 문제도 추가되기도 한다.

개인에게 제한된 합리성은 모든 것을 망라하지 못하기 때문에 개인의 대안을 개방하게 되고 일부에 따라서는 대안목록이 확인되면 의사결정을 하게 된다. 개인의 합리성에서 오류를 벗어나야 하는 것이 있다면 생각과 행동의 근거로 선택된 대안으로 추진해야 한다.

가령 곰이라는 글자를 그림으로 형상화하고 동물의 실체를 놓고 이야기해 보자. 만약에 야생 곰이 민가에 출현했다고 가정해 보자. 해결하는 방법은 포획하거나 내쫓는 방법일 것이다.

180도를 돌려서 보면 문으로 보인다. 문으로 보인다는 말과 곰으로 보인다는 말과는 느끼는 사람에 따라 마음의 비중이 다르기 때문이다. 야생의 곰에 문을 인식하게 해서 야생으로 돌려보내는 것이다. 결국 시각적인 차이, 행동의 차이, 생각의 차이가 해결책을 가져온다는 것이다. 시각적인 차이는 행동과 생각의 차이보다 우선적인 차이를 보이는 것이

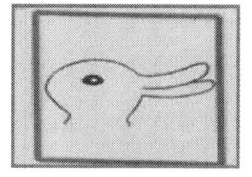 다. 유사한 사례는 변화(CHANGE)의 G라는 단어에 C만 바꾸면 기회(CHANCE)가 되는 것과 같은 이치다.

왼쪽의 그림도 왼쪽에서 보면 토끼의 그림이지만 오른쪽에서 보면 오리의 그림이 된다.

어느 관점에서 우리가 접근하고 있느냐가 중요하다.

어릴 때의 동화처럼 소경이 코끼리의 다리를 만지면 '기둥이다'라고 생각하고, 배를 만지면 '천장 같다'라고 생각하는 것과 같은 의미이다. 우리 모두가 제한적인 탐색이라는 오류를 저지르기 쉽다고 하는 것이, 대안을 줄이고 조치를 취할 수 없다는 것은 아니다. 다만 빨리 기울이는 경향성에 치우치지 말고, 서두르지 말고, 선택의 폭에 대한 시각의 중요성을 인지해야 한다.

치우침보다는 창의성을 발휘하여야 대안을 찾을 수 있다. '상자 밖의' 낯설고 이상하고 독창적이라도, 이전에 시도해 보지 않았던 대안을 생각해 보자. 찾을 수 있는 대안이 많으면 많을수록 다양해지고 기회는 많아지는 것이다. 창의성은 환경에 대한 다양성에 기회를 많이 만드는 것이며 생각의 연금술처럼 펼쳐 보이는 작품의 세계가 현실에서 표현되는 것이다. 인간의 편리함과 사용성에 대한 시간과 공간의 효율성을 인간 중심으로 만드는 것이 창의성에 대한 기본개념인 것이다.

오류에 대한 대책의 일환으로 대안을 세운다고 할 때 흐름이나 추이는 중요하다. 그것은 필요와 충분조건을 세우기 위한 최적한 대안과 수준의 성과를 완성하기 위한 만족할 만한 대안까지 놓고 추진하는 것이 목표이어야 한다. 하다 보면 선택된 대안이 나온다. 그 과정에는 대안의 수를 놓고 검토, 평가, 의사결정할 수 있도록 필히 수행되어야 한다.

24. 자기만의 문제해결 과정을 구축하라

조직에서 개인적으로 업무를 해결하기 위해 납기를 정해 놓고 일을 하다 보면 남들보다 업무속도가 빠르거나 업무성과가 좋게 평가되고 가시화되는 사람들이 있다. 무엇인가 보면 나름대로의 해결방법이나 일을 하는 방식에 대한 차별화가 있는 것이다. 일상적이거나 어쩌다 한번 남들보다 신속하게 처리했다고 믿는 것보다는 다르게 자기만의 해결방식이 있다고 봐야 한다. 즉 자기 솔루션이 있는 것이다. 솔루션은 일에 대한 해결방안을 다양화하고 프로세스 툴을 사용용도에 맞게 진행하는 방법과 수단이다.

자기의 솔루션은 자기 자신에 대한 문제해결 능력으로 마치 컴퓨터의 중앙처리장치처럼 핵심역량의 발휘하는 것과 같다. 솔루션은 우선적인 문제에 대한 처리를 속도와 정확도를 가미해서 유연하게 처리하는 것이라 판단된다. 우리는 사람을 대할 때 첫인상으로 판단하는 경우가 있다. 이 경우는 보는 사람의 판단 능력이 자기중심적으로 이루어지고 있어 자기 솔루션 자체를 가지고 있다고 보고 판단하게 된다. 자기 솔루션은 큰 프레임이나 자기 나름대로의 원칙이 정립되어 있지 않으면 시행착오가 생긴다.

오류를 가져오는 솔루션은 모든 문제의 해결책에도 산재되어 있고 존재 속에도 진상과 가상이 상존되어 있는 것이다. 그런 가운데 자기의 솔루션을 정립하기 위해서는 뚜렷한 목표와 원칙을 가져야 한다. 특히 조직의 솔루션으로 해결이라는 목표를 두고 풀어 가려면 필요한 요인인 업무분석, 추진, 신속성 및 종합 기획력이 포함되어야 한다.

자기 솔루션의 종류에 따라 타인과의 혼재된 업무에 대한 것이라면 자기 솔루션의 방향과 정의를 내릴 필요가 있다. 자기 솔루션으로 조직하고의 융합, 복합, 통합하고 조화, 조율해서 내재되어 있는 과정을 진행한다고 하자. 그러기 위해서는 구두, 문서에 치우치지 말고 시스템으로 네트워크가 되어 시스템을 병행해서 향상과 발전시키는 계기가 되어야 한다.

요인들을 내용과 병행해서 사회적인 경향을 가지고 있다면 사회 솔루션 시스템이라 할 것이며, 회사에서의 조직을 위한 것이라면 조직 솔루션 시스템이라 볼 수 있다. 문제를 접한 절차와 과정으로 진행하게 된다. 결과적으로 솔루션을 갖기 위해 진행하는 절차는 4가지를 언급해 본다.

첫째, 아이템 선정이고, 둘째, 해결방안을 세우고, 셋째, 실행력을 높이고, 넷째, 실행결과에 대한 효과 및 횡전개와 시스템 연계된 프로세스 구축이다. 부수적인 얘기를 한다면 아이템 선정은 과제 해결 중심을 가지고 있어야 한다. 그중 3S(자기본위: Selfish, 선택: Selection, 해결: Solution)의 관점에서 개별과제 중심의 업무 추진이 된다면 신속성과 차별성과 단기과제 해결이 될 것이다. 그로의 법칙(Grow's Law)은 문제의 정의를 내리고 사실파악을 하고 판단지시를 하고 행동으로 옮기는 프로세스인데 솔루션 측면에서 보면 그로 법칙은 행동으로 옮기는 것에 초점이 맞춰져 있고, 솔루션의 해결법칙은 자기중심의 해결방법을 가져가고 있음을 알 수 있다.

가설 수립은 통제가 가능한지를 연계해 종합해결에 배분의 유무가 분명해야 한다는 것이다. 검증 및 평가는 효율성 중심이 되어야 한다. 솔루션 시스템은 일의 난이도 달성도에 따라 자력형인지, 타력형인지, 중재형인지를 결정하는 중요한 부분이다. 문제해결에 대한 자기만의 솔루션을 가져야 하는 것은 자기중심적이어야 하고, 자기가 해결책의 중심이 되기 위해 남의 협조를 구하고, 조율해서 목표를 이끌고 가야 하는 것이다.

우리 속담에도 "소를 우물까지 끌고 가도, 먹지 않으면 그만이다"라는 것은 자기 솔루션의 해결책을 가져가야 함을 제시하고 있다.

실행력의 추진이 강하다 보면 3P(전문적: Professional, 적극적: Proactive, 생산적: Productive)는 항상 염두에 두어야 한다. 3P의 전문성은 솔루션의 핵심부분에 대한 접근과 해결책에 실마리를 보고 접근할 수 있는 것이다. 접근의 근접성은 전문가의 식견으로 보는 방법일 것이다.

적극성은 일에 대한 성취도가 높아야 하는 기본조건으로 이 부분은 업무의 중간부분에서 꼭 필요한 부분이다. 적극성은 도전성과 같은 의미를 내포하고 있어 정신적인 부분과 육체적인 부분이 병행되어야 하기 때문에 소홀히 해서는 안 된다.

생산성은 소비성과 상반된 것이어서 창조의 생산성인 것과 궁극적으로 효율에 생산성인 것이 가치부여의 잣대로 측정했을 때 편중되지 않아야 한다. 창조는 새로운 것에 대한 생각의 다양성이고, 효율은 시너지에 대한 성과의 다양성이다. 성과부여의 생산성은 창조와 효율의 다음으로 반영될 가치가 있다.

연초에 대기업들은 기업경영에 있어 전략적인 화두로 글로벌 시장, 신사업에 대한 투자와 성장, 환경안전경영, 혁신과 미래에 대한 추구 등이 대두를 이루고 있다. 이모든 전략들이 종전보다 몇 배 빠르게 화학적·물리적·인위적 반응으로 변화적용 및 터닝포인트(Turning Point)를 가지고 생존 길에 달려가고 있다.

솔루션 시스템 흐름도를 보자. 보통 네 가지의 블록을 형성되어 있다. 첫 번째는 과제 선정이고 내용은 자부서의 달성에 대한 목표와 경쟁사의 우수과정 반영과 고객의 질에 대한 언급이다. 두 번째는 해결책의 가설 수립인데 거기에는 통제 가능한 부분과 전체적인 배분이 우선 관리되어야 한다. 세 번째는 해결책의 검증평가를 위해 기존의 분석과 프레임의 워크, 도구를 위한 속도 및 효율성과 정확성을 갖게 된다. 네 번째는 솔루션 시스템 운영에는 종합해결책에는 자력의 해결책과 자력의 중재방법으로 구분된다.

자기만의 솔루션은 과정의 해결책을 찾기 위한 방법이다. 다른 관점은 개념에 대한 정립이다. 더 크게 말하면 개념전쟁이다. 개념전쟁은 전략의 반대개념으로 인식되는데 인적 오류와 인적 요인과 상관관계가 있는 것과 같다.

개념전쟁의 사례를 보자.

이동통신 1위 업체인 S□ 텔레컴이 "휴대전화로 음악도 듣고 인터넷도 할 수 있다"고 선전할 때 K□□가 "우리도 다 된다"며 경쟁을 벌인다면 2위를 벗어나기 어렵다.

그 대신 K□□ "이제는 화상전화 시대"라며 3세대(3G) 이동통신 브랜드인 '쇼(SHOW)'를 내세웠다. 경쟁의 프레임을 바꾼 덕분에 K□□는 2년 남짓한 기간에 3G시장에서 1위를 차지할 수 있었다.

남의 집 안방(1위 기업이 만들어 놓은 시장)에서 싸운다면 암만 태권도와 복싱을 연마해도 백전백패일 수밖에 없다. 어떻게 하면 싸움판을 동네 공터(기존의 경쟁력이 영향을 미치지 않는 시장)로 바꿀 수 있을까를 고민해야 한다는 것이다.

미국 인텔의 케이스는 반대이다. 인텔의 안방 같던 컴퓨터 중앙처리장치(CPU) 시장에 AMD와 같은 경쟁사들이 발을 들이기 시작했다. 위협을 느낀 인텔은 '386', '486' 등 성능 기준으로 구분되는 CPU 시장이 이미 자신의 안방이 아니라 동네공터가 돼 버렸다는 사실을 깨달았다. 그래서 '586'은 탄생하지 않았다. 그 대신 인텔은 '펜티엄', '센트리노'와 같은 새로운 안방을 만들어 냈다. 결과는 성공적이었다. 개념전쟁은 진정 우리가 창조력이 승부를 가르는 시대를 살아가고 있는 것이다.

산업현장에서의 인적 오류도 일반적인 개념에서 혁신의 생각 관점으로 접근해서 보면 보이지 않는 사람적인 측면의 오류가 잠재적으로 발생함을 인지함을 알 수 있다. 인지와 의식과 심리와 문화와 조직의 분위기와 작업환경에 많은 비중을 싣고 있는 게 사실이다.

결국 자기만의 해결책은 일반적인 삼단논법이나 귀납법, 연역법이나, ABC 명제가 아니고, 자기만의 방법을 한 가지든 여러 가지든 문제의 명제를 놓고 성공적인 스토리를 가지는 것이어야 한다.

그래서 우리는 실패사례를 거울 삼아 성공사례를 정립되도록 초기 과정부터 중간과정을 거쳐 자기본위의 스타일을 만드는 것은 요즈음 관심을 끌고 있는 재난공학과도 같은 것이며 실패학 공학도 유사하며, 결국 자기 스타일을 만드는 것이 자기문제 해결법의 한 방법이다.

25. 가이드라인(Guide-Line) 프로세스를 만들어라.
속도를 내는 기틀이 된다

1854년 수학자인 조지 불(George Boole)은 사고(思考)를 지배하는 법칙들을 정하여 이것들을 한 논리체계 내에서 기술하고자 했다. 이 학자는 사고란 정의를 "기초로 표상될 수 있는 세상에 관한 명제 또는 진술문이다"라고 했다. 사고(思考)란 여러 범주에서 인간이 가질 수 있는 생각의 범위라고 본다.

사고(思考)란 여러 관점에서 보면 인지나 심리나 인간의 오류 역시 생각의 연장선에서 볼 수 있는 체계적인 분류의 부분인 것이다. 인적 오류의 문제해결에 대하여 5개 본질(문화, 태도, 스트레스, 행동, 혁신)의 가이드 방법을 제시하고 있다.

인적 오류의 모델은 보통은 원인론과 매개체와 결과론 부분으로 나누어진다. 세 가지 모델들은 사고이론 모델, 정보 처리모델, 심벌처리 모델, 의사소통 모델, 제어시스템 모델, 작위 에러 모델 등이다. 사고(事故) 관점에서 인적 오류와 연관된 안전을 고찰해 본다.

안전에서 가이드라인은 바르게 진행하기 위한 것이며, 기준의 오차범위에서 행할 수 있는 지침서이자, 안내서이다. '바르게'라는 전제는 안전이란 목표를 가지고 진행하는 현장에서 안전의 룰에 벗어남이 없이 준수하는 것이다. 또한 안전한 현장 중심의 프로세스가 이루어지는 것과 행동의 다양한 오류들이 어느 한계점을 넘지 않음으로 인해 이벤트나 사고 없이 프로세스로 진행되는 것이다.

인간공학에서의 가이드라인은 틀에 박힌 상황에서 사람들이 시각적인 것으로 행동목록을 명세한 기억구조이다. 로버트 스턴버그와 에드워드 스미스가 저술한 『인간사고의 심리학』에서 보면 재미난 사례를 들고 있다.

가령 강의에 참석하기, 시장 보기, 그리고 의사를 보러 가기와 같은 시나리오에서의 연속적 행동들을 기술하도록 요구받을 때, 사람들은 일어나는 일의 내용에 대하여 일치된 의견을 보인다.

다음은 식당에 가기 스크립트(Script: 원고)에서 가장 흔히 나열하는 행동을 조직행동학자인 로버트 블로 교수가 서술한 것이다.

<식당의 행동나열 순서>

1. 자리에 앉는다.
2. 메뉴를 본다.
3. 식사를 주문한다.
4. 계산을 한다.
5. 떠난다.

사람이 자리를 앉는다고 하면 그다음의 프로세스는 추리될 것이다. 스크립트화된 지식으로 사람들은 사람 행동에 대한 추리가 이어질 것이다. 이 스크립트는 일반화된 나열이고 실제 서술과 스크립트된 내용과는 차이가 있음을 발견하게 된다. 그 차이는 식당에서 행동나열에 대한 일반화는 시간적·환경적인 요인에 따라 차이가 날 것이다.

인간의 어떤 행동이 산업현장에서 안전한 작업으로 진행되고 있다고 볼 때 작업방법과 작업형태와 작업순서와 작업관리 등이 추리되는 프로세스가 되어야 한다. 프로세스 중에 인간의 행동에 맞는 행동인지, 불안전한 행동인지, 즉 신호인지, 잡음인지가 명확하게 구분되거나 인지되어야 한다.

오류를 범하는 것은 변변치 않은 인간의 행동에 접근할 수 있는 가이드라인이고 프로세스의 역반응이다. 프로세스로 구성이 된다면 작업자의 기억구조와 설득력이 작업에 임하는 모든 위험요소에 사전 기능을 갖게 될 것이다.

정도를 가기 위한 전문지식과 여러 가지의 다양한 상황에 대하여 항목설정을 하고 진행과정마다 제대로 과정을 수행하는지를 봐야 한다. 보통 나뭇가지를 받침대도 받치고 관심으로 키우면 바르게 자라지만 돌보지 않고 그냥 방치하면 제멋대로 자라는 것과 같은 이치이다.

인적 오류의 불합리가 보이면 인지의 상태에서 프로세스로 이어지도록 연결고리의 축을 이어 가야 한다는 것이다. 가이드를 만들 때는 어느 단계보다 초기 상태가 정립되어야 한다. 초기 상태나 처음 환경에서 목표를 가지고 출발하기 위한 방향 설정의 출발점이 명확해야 한다.

제6절 신체의 패거드 법칙을 준수하는 원칙

패거드의 법칙(Packard's Law)
어떤 회사나 조직도 꾸준히 성장하는 데 필요한 적임자들을 충분히 확보하
는 능력 이상으로 수입을 빠르게 늘려 갈 수는 없다는 내용의 법칙

---

26. 마음에 좋은 양식을 항상 삼켜라. 식견이 넓어진다

사람들의 마음에는 2가지의 늑대가 있다고 한다. 하나는 하얀 늑대이
고, 다른 한 가지는 검은 늑대이다. 하얀 늑대의 양식(樣式)은 좋은 생각,
좋은 언어, 좋은 행동, 발전적인 생각, 격려와 칭찬, 신뢰와 믿음으로 영
위된 것이고, 검은 늑대의 양식은 나쁘고, 추하고, 비겁하고, 이기적이
고, 남을 비방하고, 헐뜯는 생각과 행동과 언어로 만연되어 있는 생활로
영위하는 것을 말한다.

좋은 것과 나쁜 것은 우리가 알고 있는 성경 속에 아담과 하와의 선악과
나무열매를 따 먹으면서 선과 악이 구별되는 계기가 된 것처럼 말이다.

"인간의 본성은 선(善)하다"는 맹자의 성선설과 "인간의 본성은 악(惡)
하다"는 순자의 성악설도 본성에 마음을 두고 있다.

원불교의 총무인 박청수 교무는 마음의 표현으로 『마음눈이 밝아야』라

는 저서에서 "마음눈이 밝은 사람은 지혜롭고, 마음눈이 어두운 사람은 어리석다"라고 표현했다. 당신이 사회생활을 바르게 하고자 한다면, 마음속에 어느 늑대를 키울 것인가? 한 번 정도는 생각하는 시간을 가지는 것도 좋을 듯하다. 늑대의 상징적인 말에 대해서는 쉽게 동의하겠지만, 늑대와 같은 마음양육은 인간의 행동양식과 마음에 달려 있다고 해도 과언이 아니다. 질문에 긍정적이고 질문에 충실한다면 하얀 늑대일 것이다.

인간은 하얀 늑대로 생활이 배이고 습관이 되면 그에 따른 행동과 사고가 스며들게 된다. 시간이 지남에 따라 인간의 말과 행동과 사고들이 좋은 쪽으로 발전과 단계가 향상되어서 심성과 행동이 밝아지고 좋은 결과를 얻게 된다. 생산 측면에서 질문의 경우를 보자.

존 밀러의 『바보들은 항상 남의 탓만 한다』라는 책 속에 잘못된 질문(IQ: Incorrect Question)과 질문의 이면 속에서 숨어 있는 발전적인 질문(QBQ: Question Behind Question)을 설명하고 있다.

경영진 측면에서 **잘못된 질문(IQ)은 다음과 같다.**

- 실패의 원인은 누구에게 있지?
- 언제쯤이면 직원들이 회사의 비전을 이해할 수 있을까?
- 나만큼 직원들을 잘 챙기는 사람이 어디 있어?
- 언제쯤이면 시장상황이 나아질까 하는 질문을 갖게 된다.

발전적인 질문(QBQ)은 다음과 같다.

- 내가 어떻게 하면 보다 더 훌륭한 리더가 될 수 있을까?
- 직원을 위한 배려를 표현하기 위해 나는 무엇을 해야 할까?
- 어떻게 하면 회사 내에서 좀 더 명확하고 효율적인 의사소통을 할 수 있을까 하는 발전적인 질문을 가지게 된다.

윈스턴 처칠은 "비관론자는 모든 기회속에서 어려움만 찾아내고, 낙관론자는 어려움 속에서 기회를 찾는다"라고 했다. 양식과 발전을 위한 질문은 사람의 가치와 발전 지수를 높이는 소스이자 양념일 것이다. 사람의 정신적이고 육체적인 스트레스는 모든 것이 사람의 마음속에 달려 있다.

인적 오류에 대해 사고에 대한 원인 파악을 위해 사고원인자에 대한 면담 실시할 때 고찰해 보았다. 대부분은 사고원인자에 대한 추궁, 면박, 지식 부족에 대한 멸시로 인한 '탓'으로 시작된다. 그중에는 원인에 대하여 서로 협조가 되고, 적극적으로 개선키 위해 발전적인 질문을 하는 조직원이 있다. 반면에 탓하는 원인에 대하여 비협조를 보일 때도 있다. 좋은 양식은 질문의 양식과 사람의 대화 속에서 나타남을 알 수 있다. 좋은 질문과 좋은 답변은 서로 간격이 반영되어야 한다. 자기와 조직의 발전은 어떤 마음으로 접근하고 있는지, 질문과 대답의 발전과 비전을 위해, 마음에서 실행력을 가지고 옮기는 과장도 중요하다.

27. 하우스 머니 효과(House Money Effect)이냐, 하우스 로스트 마인드(House Lost Mind)이냐?

어떤 근로자가 힘들게 일해서 번 100만 원과 경마장에 갔다가 운이 좋아 배팅을 하게 되어 번 100만 원은 똑같은 100만 원이고, 직접 번 것이다. 객관적으로 따지면 양쪽 100만 원은 똑같은 화폐적 가치나 경제적 가치를 가지고 있으므로 당신은 어떤 돈을 가지고 쓰든 상관없다.

하나는 힘들게 노동한 대가이고 다른 하나는 운이 좋아 쉽게 부수입이 생긴 것이다. 그러나 같은 화폐가치의 동질성이 아니라 시간가치의 이질성으로 보게 된다. 양쪽에 대해 당신의 태도는 확연히 다를 수밖에 없다. 이러한 현상을 행동 경제학에서는 '하우스 머니효과(House Money

Effect)'라고 한다.

안전에도 동일한 현상이 있다. 가령 건설현장에서 일하는 근로자가 전문적으로 자기 일에 수십 년간 안전사고 없이 일을 수행해 왔다고 하자. 건설공사가 끝나 다른 환경의 현장에 가서 일을 하게 되었는데 그곳 작업여건도 전보다 크게 다르지 않은 상태에서 일을 시작하게 되었다.

어려움이 없고 힘든 것도 없어 작업안전에만 신경 쓰면 문제가 없을 거라고 생각하고 작업에 임했다. 그런데 어느 날 근로자는 집안의 걱정거리가 생겨 늘 마음에 두고 있었고, 해결책이 없어 고민이 많았다. 건설 현장에서는 공사의 진척률이 진행에 따라 고층으로 올라가고 있었다. 이 근로자는 다른 때와 다르게 심리적인 상황으로 리프트를 타고 올라와서 안전벨트를 맨다는 것이 무의식중에 다른 것을 걸치면서 몸의 중심을 잃어 추락하는 안전사고가 났다.

심리적인 부분도 인적 오류에 큰 비중을 가져오는 사고의 계기가 되고 있다. 작업에 임할 때는 안전한 자세, 정신, 태도, 행동, 마음가짐이 우선이고 중요한 사항인데, 건설현장 작업의 베테랑인 이 근로자는 마음속에 있는 걱정으로 안전의 마음을 상쇄해 버린 것이다. 그로 인해 안전의 사고가 발생케 되었다.

이것을 하우스 로스트 마인드(House Lost Mind)라고 정의한다. 이 현상을 인적 오류 측면에서 보면 동일한 작업이지만 환경과 의식에 변화요인을 가져온 것을 알 수 있다. 안전사고가 의식만 해당되는 것은 아니지만, 생각이 행동을 낳고, 행동이 의식을 낳고 의식이 문화를 가져오게 하는 이치이다.

인적 오류의 발생원에 행동, 의식, 태도는 중요한 요인이고, 염두에 두어야 하는 부분이다. 인적 오류의 일으키는 원인으로 심리적·인지적 이론으로 학문으로 많이 분석을 하고 학설을 세우고 있다.

사람에 대한 오류의 형태는 나라마다의 환경과 문화에 따라, 차이를 보이고, 조직의 의식과 구성원의 형태에 따라 변화를 보인다. 지속적인 연구와 노력이 안전학자와 현장의 근로자 간에 하우스라는 안전의 집에서 인류복지를 위한 노력이 필요한 전제이다.

28. 오류의 핵심인자는 다섯 단어가 해결책의 본질이다
(100점을 만든다)

안전사고 중에 발생원인이 사람의 실수나 오류나 미스나 망각과 무지로 인해 원치 않는 사고가 발생하는 것을 인저 오류라고 말한다. 사람의 행동, 판단, 인지, 정보 공유 등이 주요인으로 발생하고 있다. 나의 일과 중에는 필수적으로 사고에 대한 원인을 인적 오류 측면에서 추가 반영하기도 한다. 문제가 도출하면 대책에 반영하기도 하고 사고에 대하여 전체적으로나 부분적으로 상황에 따라 짚고 넘어간다. 인적 요인은 약방의 감초인 것이다.

사람들의 인식에 따라 차이가 있겠지만 오류에 대한 예방책을 일렬의 알파벳으로 순서적으로 해서 아라비아 숫자로 표현을 했다. 원하는 대책의 핵심 되는 단어를 각각 더하는 시도를 했다.

우리가 원하는 단어를 만들어 각각 더해 보니 우리가 원하는 백점짜리 단어가 되는 것이었다. 오류예방으로 100점을 만들어 보았다. 인적의 행동에 대하여 숫자로 응용해 보았다.

일단 알파벳 순서대로 숫자를 붙여 준다. A에 1을 붙여 주고 B에 2, C에 3, D에 4, E에 5, F에 6, G에 7, H에 8, I에 9, 이런 식으로 Z에 26까지 붙이면 된다. 즉, 다음 해당되는 알파벳에 붙여진 숫자를 모두 더해 100이 되는 단어를 만들어 본 것이다.

100점짜리 안전을 하기 위해 숫자 게임을 해 보자.

safety(안전)=19+1+6+5+20+25=76점이다.
100점을 만들기 위해서는 act(행동)=1+3+20=24점
safety+act=76+24=100점이다.

안전을 100점짜리로 만들기 위해선 안전한 행동이 동반되어야 한다. 인적 오류에 있어서는 어떠한가를 보자.

human(인간)=8+21+13+1+14=57인데 100점을 만들기 위해서는,
plan(계획)=16+12+1+14=43점이다.
Human(인간)+plan(계획)=57+43=100점이다.

결국 안전의 100점이 되기 위해서는 인간계획하에 진행되어야 함을 제시하고 있다. 인간계획이라면 안전작업 시 오류부분은 사전계획이 철저히 준비되어야 오류발생을 사전에 막을 수 있다는 것이다. 안전을 위한 인간의 오류가 계획이 동반되어야 오류를 막을 수 있다는 것을 의미한다. 에러를 없애기 위해서는 어떠한가?

error=5+18+18+15+18=74점이다.

에러를 없애기 위해서는 a plan=<계획>, check=<점검>이 수반되어야 한다. 즉, a=1과 plan=43, check=3+8+5+3+11=30점이다. 총합 74점이 된다. 단어의 말장난 같기도 하지만 그렇지 않다. 에러(error)-(a plan, check)=(74)-(1+43+30)=0점이 된다. 결국 에러를 없애기 위해서는 하나의 계획과 점검이 되어야 상쇄되므로 에러가 제로 0(zero)이다.

제로의 의미는 안전사고 없는 무재해, 무결점, 무공해 3무운동과 일맥

상통함을 볼 수 있다. 정확하게 맞는다면 오류의 인적 사고는 없을 것이다. 상징적 의미로서 단어에 점수를 부여해서 100점이 된 것은 오류의 중요 요인이 완벽하게 요약되었다.

문화(Culture = 3 + 21 + 12 + 20 + 21 + 18 + 5 = 100),

태도(Attitude = 1 + 20 + 20 + 9 + 20 + 21 + 4 + 5 = 100),

스트레스(Stress = 19 + 20 + 18 + 5 + 19 + 19 = 100)

위의 숫자게임에서는 100점이 된다. 모든 사고 전의 예방도 중요한 요인이다. 안전의 문화, 개인의 작업자의 태도, 스트레스는 중요한 인자임이 틀림없다. 각 기업에서 기존업무의 틀에서 벗어나 보자는 업무의 패러다임으로 혁신이라는 부분이 강조되고 있다.

혁신(Innovate = 9 + 14 + 14 + 15 + 22 + 1 + 20 + 5 = 100)

숫자 게임의 100이다. 전투도 전술과 전략처럼 중요하고 필요에 따라서는 대전략이 필요하다. 개별 전투에서 이기기 위한 방법이 '전술'이다. 그 전투들이 합쳐진 전쟁에서 승리하기 위한 방법이 '전략'이 필요하다. 전쟁에서 한 걸음 더 나아가 국가 차원의 장기적인 밑그림 그리는 것을 '대전략'이라고 한다. 개별 전투 하나하나도 중요하지만, 한두 개의 전투에서 승리하고도 전쟁에서 패하는 경우도 있다. 전쟁에서는 이겼지만 장기적인 밑그림이 없어 최종적으로 실패하는 케이스도 있다.

안전전투는 하나하나가 안전하게 대응하기 위해서 단위 요소의 운영이다. 전략은 어떤 단위요소의 물리적·화학적 결합으로 안전하게 목표에 달성하는 것을 말한다. 대전략은 단위요소로서 단순요인과 복합요인과 혼합요인으로 전체적인 비전과 미션이 달성되도록 하기 위한 큰 전략인 것이다.

안전의 100점짜리 인자는 사고가 없도록 하기 위한 수단과 방법의 결과물이나, 인적 오류 측면에서 보면 인자들 간에 행동, 문화, 태도, 스트레스, 혁신의 숫자는 100점을 가져오는 중요한 단어인 것이다.

29. 사과(謝過)를 바르게 해야 나의 단점이 보인다

몇 해 전에 세간의 관심거리가 되었던 미국의 카네기 멜론 대학교(CMU)의 컴퓨터 공학과 교수로 고인이 된 랜디 포시에 대한 동영상을 보고 참 진실하게 산다는 것이 무엇인지를 깨닫게 되는 시간이 되었다. 더군다나 얼마 남지 않은 말기 췌장암의 상태에서도 삶을 재미있게, 의미 있게 산다는 것이 '이런 것이구나'를 조금이나마 자성하게 되었다.

랜디 포시는 『마지막 강의』로 베스트셀러가 되었던 저자이기도 하다. "진정한 삶을 위한 잘못된 것이 많지만 바르게 살기 위해서는 사과를 잘해야 한다"고 강조하고 있다.

랜디 포시의 사과에 대한 3원칙은 "미안합니다", "제 잘못입니다", "제가 어떻게 해야 잘할 수 있습니까?"라고 말하는 것을 보면 알 수 있다. 얼마나 자기 자신에 대하여 겸손하게 살았는지를 나타내 주고 있다.

겸손 관련 고사성어 중 겸병지승(謙兵之勝)이란 말은 겸손하면 무조건 이긴다는 뜻이다. 사과와 겸손은 자기를 낮추고 남을 높이는 생각과 행동에서 출발한다고 본다. 나의 실수를 인정하는 것은 현재의 예의가치보다 반성과 자성을 통한다. 나의 미래가치를 한 단계 발전시키고 성숙의 단계로 갈 수 있도록 방향을 제시하는 자신의 미덕이다.

자기의 잘못을 수긍한다는 것은 그리 쉽지 않다. 상대방이나 제3자가 보고 느끼거나, 남이 보았을 때 어떻게 판단할까? 자기의 주관이 없어 보일 수도 있기 때문이다. 그러나 인생을 적극적으로 산 사람이라면 혹은 하는 일에 삶의 가치를 두는 사람이라면 나를 가르쳐 주는 사람이 나이가 적든, 많든 자기 개성이 강하든, 강하지 않든 간에 혹은 성격이 조변석개하는 카멜레온의 사람이든, 아니든 간에 크게 관여치 않을 것이다.

배우고 익히고 인생의 진정한 멋진 삶을 위해 일시적인 장애로 인한 포기나 어려움을 자기 극복의 원칙으로 이겨 낼 수 있는 힘을 가지고 있는 것이다. 일의 가치를 행복한 가치라 판단하면 분명히 일에 적극적이고, 목표가 명확하고, 일을 사랑할 것이다.

가령 성공이라는 단어를 두고 우리가 생각할 수 있는 부분은 적지 않다. 성공하려면 어떻게 해야 하는지를 의미의 단어로 트래킹을 해 보자.

"성공하려면 (O)해야 한다"고 생각할 때 아래 단어의 한 글자씩만 삽입해 보자(성공나열 블랭크-풀 단어 넣기).

금,	편,	꼭,	강,	홍,	웅,	독,	말
원,	다,	안,	노,	연,	싹,	행,	쭉
철,	흔,	선,	속,	종,	악,	실,	피
절,	살,	늘,	천,	통,	파,	혹,	일
확,	야,	망,	욕,	더,	막,	왜,	또
순,	가,	흑,	감,	반,	고,	사,	쿨

단어 트래킹 중에 첫 번째 사례를 보면 성공하려면 해야 하는 것도 많다. 취업을 앞둔 졸업생이나 시험이 얼마 남지 수험생이나 승진을 둔 기업의 회사원이나 사업 설명을 눈앞에 둔 창업주나, 큰 공사의 완공을 앞둔 건설사의 직원들도 염두에 두고 있는 부분이 의외로 많다. 하지 말

아야 하는 것이 이렇게 표현된 것 외에 많이 있을 것이다. 금해야 하는 것이 쉽지 않지만 나와의 약속이고 술과 담배, 건강, 무절제한 생활습관 등도 포함되어 있을 것이다. 성공도 중요하지만 삶의 진실하게 배워 나가는 자세도 중요하다.

사과(謝過)를 타인에게 바르게 해야 나의 단점이 보인다. 사과를 진정으로 할 줄 아는 사람은 동시에 겸손과 자기반성을 할 줄 아는 사람으로 미래를 밝게 하는 사람일 것이다.

오류를 근거로 미래를 여는 사람은 이런 유형의 사람이다.

· 나의 에러를 인정할 줄 아는 사람
· 나의 잘못을 즉시 수정할 줄 아는 사람
· 나의 실수를 인지하고 공유할 줄 아는 사람
· 나의 사과에 대하여 상대의 입장을 바꿔서 늘 생각하는 사람
· 나의 넘치지 않는 행동을 성실함의 잣대로 보고 항상 정도를 지킬 줄 아는 사람
· 나의 실수로 재발이 되지 않도록 동료와 후배에게 가르치고 재발이 없도록 열정을 가지고 일을 하는 사람
· 나의 시간이 과거보다 미래 지향적이고 오류를 없애기 위한 5원칙 (행동, 태도, 문화, 혁신, 스트레스)을 철저히 준수하는 사람

결국 시발점은 변한다는 생각과 의식의 전환점이다. 성공하려면 변해야 한다. 실패의 지름길이 아니고 정도의 지름길일 것이다. 인간은 사과(謝過)를 가지고 태어난다. 우리는 어릴 때부터 사과를 가르쳐야 한다.

일반적인 사과에서부터 정중한 사과까지 말이다. 겸손한 마음은 사과의 1차 행동이고, 마음의 표시이다. 나에 대한 올바른 태도는 사과를 동

반하는 마음이다. 바르면 안전의 기본가치를 가지고 임할 수가 있다. 남을 생각하고 겸손하면 내가 하는 부분에 최선을 하려고 할 것이고, 나로 인해 잘못의 기인이 되지 않도록 만반의 완벽한 추구를 할 것이다. 오류나 실수로 인한 안전의 사고도 나 자신부터 시작해서 바른 겸손을 가지고 실행해 보자.

30. 스트레스 극복도 정신력 강화의 기술이다

스트레스는 보통 사전에 "신체에 가해진 어떤 외부자극에 대하여 신체가 수행하는 일반적이고 비특정적인 반응"이라고 풀이하고 있다. 초등학교 국어사전에는 "몸이나 마음에 해(害)가 되는 여러 가지 자극이 주어졌을 때 일어나는 갖가지 반응이다"라고 풀이하고 있다. 스트레스의 어원은 라틴어 'STRICTUS'에서 유래된 것으로 '팽팽한, 좁은' 등의 의미를 가졌다. 이후 20세기 들어 캐나다의 생리학자 세리에(Selye)가 의학에 적용시키면서 일반인들에게 널리 사용함으로써 의미를 가지게 되었다.

스트레스는 인간이 존재한 이후부터 발생하기 시작했고 인간이 생활하면 계속될 수밖에 없는 것이라는 생각이 든다. 누구나 받게 되는 스트레스 발생요인은 불안과 초조와 침울과 죄책과 감정의 억눌림, 심한 노역(勞役)으로 인한 것 등으로 정신적인 부분과 육체적인 부분과 감정적인 부분에서 오게 된다.

일반적인 스트레스라고 한다면 하나는 오래가지 않는 일시성 의미의 단발성이 있을 것이고, 시간에 따라 높고, 낮음의 피크치의 일이 마치 가중성과 불규칙적으로 파생하는 것이 있겠다. 또한 물질적인 생활 속에 적지 않은 영향으로 시간과 돈과 희생이 수반되는 것을 알 수 있다.

좋은 결과물이면 성과를 가시화할 수 있지만, 그렇지 못하면 지속적인 실패의 연속이나 물질의 궁핍에서 상태 불능이 되면 성과를 낼 수 없는 입장이 되어 상심을 하게 된다. 스트레스를 풀려고 하는 것이 아니라 오히려 스트레스를 뭉치게 하여 풀려고 하는 모든 것을 극기가 아닌 자포의 시간으로 갈 수도 있다.

스트레스로 인한 굴복과 극복의 차이를 보자.

스트레스도 자기 자신의 저항력에 대한 육체적과 정신적인 표현이며 표출이고 인간행동으로 나타나는 역방향지수의 대표적인 핵심어이다.

스트레스는 정상적인 부분에서 벗어나 신체와 정신적으로 받는 비정상의 것이다. 안전에서의 스트레스는 안전관리에서 사건 사고와 인적 오류로 인한 발생 시 일어날 수 있는 건이다.

컨설팅 회사의 매니저인 다카스기 히사타카의 저서인『스트레스 심리학』에서 스트레스로 인한 상황과 그 스트레스를 극복하는 사례표를 보자. 결론적으로 보면 정신력 강화가 비중을 많이 차지하고 있는데 내연에는 부정적 사고와 긍정적 사고가 공존함을 표출하고 있다.

◈ 스트레스로 인한 상황
· 심한 불안감을 느껴 도피한다.
· 너무 화가 나서 상대방을 공격한다.
· 극도로 의기소침해서 집에 침거한다.
· 심한 죄의식 때문에 자신을 부정한다.

◈ 스트레스를 극복하는 행동
· 걱정하는 만큼 완벽하게 준비한다.
· 불쾌하기 때문에 상대방과 협상한다.
· 슬프기 때문에 함께 공유한다.
· 양심의 가책을 느껴 행동을 반성한다.

특히 위 표의 극복하는 행동을 보면 정신력 강화 실천에 분노, 죄책, 불안, 의기소침을 벗어나야 한다고 강조하고 있다. 환경 속에서의 감정은 조절하지 못한다고 대부분 사람들이 선입견을 가지고 있다. 어떤 학자들은 ABC 이론으로 연쇄 반응을 가져온다고 한다. 사건의 발단(A: Activating Event)이 이어져 사고(B: Belief)에 도달하고 결과적인 감정(C: Consequence)으로 이루어지고, 그중에 B의 긍정과 부정에 따라 C의 결과가 다르게 나타난다고 한다. 윈스턴 처칠은 "비관론자는 모든 기회 속에서 어려움을 찾고, 낙관론자는 모든 어려움 속에서 기회를 찾는다"고 했다.

행동에 대한 부분 중에 결과적인 부분이 중요하므로 스트레스에 대한 구심점은 사고의 능력이 감정으로 표현되고 행동으로 표출되는 일련의 정신력의 흐름이다.

부정적인 생각을 긍정적인 사고, 긍정적인 감정, 긍정적인 행동으로 바꿔 보자. 지속적인 의식이라면 부정적이고 마이너스의 지양보다 훨씬 발전적이고 지향적인 부분으로 대응함으로써 만족감과 성취감을 시키는 요인이 될 것이다. 긍정적이고 적극적이면 이루려는 목표에 대한 성공의 열쇠를 갖게 되고, 부정적이고 비난적이면 실패의 추락길에 서게 되는 요행이 되는 것이 된다.

제4장

행동원칙

제7절 인간존중의 잠재항목을 최대한
수면으로 올리는 원칙

31. 오류(Error)-계획(Plan), 행동(Act)=0(zero)

니겔 리즈너의 저서인『임팩트 코드』에서 보면 e+r=0이란 말이 나오는데 우리 인생에서 일어난 사건이나 경험과 그것에 대하여 우리의 반응을 더하면 우리의 현재 결과가 된다는 이야기이다. e는 이벤트(Event)를 의미하고, r은 리액션(Reaction)을 의미하는 것이다. 본래는 "자아(ego)와 감정(emotion)에서 e를 뺀 후 행동으로 보여라"라는 의미를 갖는다고 한다.

이벤트의 범위는 광범위할 수도 있고 이에 따른 리액션도 같은 크기의 수준으로 반작용의 움직임을 보여 상쇄될 수도 있다.

사람에게 있어 업무나 일을 진행하기 위한 흐름을 순방향으로 진행을 하는 게 일반적인 사항이지만 반대로 속도와 내용의 반전을 위해서는 역방향으로 진행할 수 있다. 순방향은 일의 진행이 간섭 없이 진행되는 것이고 역방향이라고 하면 문제가 있어 반작용의 흐름으로 진행되는 것이다. 물리적인 공식이 적용된다고 본다.

사람에 대한 오류의 발생원인은 여러 형태이다. 무자각, 무관심, 착각, 무의식, 무감각, 무지, 무신경, 망각 등에 의해 발생된다. 의식적인 성향으로 표현된 부분은 오류가 발생치 않는 것이라면 내재와 외연을 포함해 결국 오류 내 악성의 손이다.

충분하고 완벽한 계획과 행동이 수반되게 되면 사고는 사전에 예방할 수 있다. 주제에 명기된 오류라는 것을 분석해서 사전에 제거 및 예방하기 위한 것을 원칙으로 풀어 보자. 의미의 주체와 객체를 확연하게 해야 하는 것을 제시해 준다. 오류의 지수를 행동의 결과로 보고, 가시화로 나타낸다고 가정하자. 그렇다면 많은 호각을 치러야만 되는 물질적·정신적 충격함수와 진배없다.

다른 결과의 문제가 발생되어서는 안 되는 사항이라면 적거나 없어야 한다. 충격함수는 오류로 받는 영향의 강도이다.

결론적으로 보면 인간의 행동은 움직이는 행동체가 일차적인 표현이다. 인간의 오감이 없는 전제조건이라면 인간의 행동은 많은 장애물과 많은 시행착오의 반복으로 이어질 것이다. 인간의 행동은 어느 장소나 어느 환경에서나 평가나 판단의 대상이 되는 행동의 경쟁시대이다. 결과나 성과를 내야 하는 조건이 붙는다. 이유는 조건과 환경의 동물인 우리 인간은 모두에서 거론되었듯이 안전에서의 기본은 행동이고, 인간의 행동의 중요 부분은 계획이 선행되어야 한다.

인간행동이 오류를 방지하기 위해서는 계획의 전제조건을 완벽하게 하거나 사전 준비를 철저히 해서 완전한 행동을 해야 오류의 행동을 줄일 수 있다. 현대 사회에서 인간의 행동은 경험으로 부딪히는 조건을 먼저 내세운다. 그러므로 우리 사회가 결과 중심으로 판단하거나 상황의 의사결정을 내리기 위해서는 사전의 처방조건이 병행되어야 한다.

철저한 인적 오류에 대한 에러를 줄일 수 있는 것은 실제적인 사전준비 때문이라면 인간행동의 철저한 오류동작 분석과 실증적 사례에 대한 철저한 현장검증과 시스템으로 연관된 분석의 고찰과 행동지수가 수반되어야 한다. 행동지수는 오류에서 인간이 행동반경에서 일어날 수 있는 안전과 불안전의 콘텐츠를 포함해서 지수화할 수 있는 것이다.

오류동작 분석을 완전하게 하기 위한 발생요인은 조직원의 인지, 의사결정, 불안전한 행동을 평가한 지수, 조직 내에 내재되어 있는 안전의 지수가 필요하다. 추가적으로 안전에 대한 사전예방과 점검과 시스템으로 운영되고 있는 프로세스와 문화는 병행되어야 오류를 없앨 수 있는 확고한 기반이 된다.

인간의 행동을 안전적인 측면으로 오류에 대한 언급을 하고 있지만 미국의 인간행동을 경제학적으로 분석하는 경제학자인 시카고 대학교의 게리 베커 교수(Gary Becker)는 "사람들은 어떤 활동을 하든지 자기 행복을 극대화할 목적으로 행동한다"고 한다. 우리의 저항요소를 없애는 방법을 찾아보자. 개인행복의 첫 번째 지름길이다. 개인의 오류는 계획과 행동으로만 움직여진다면 오류는 발생치 않을 것이며 저항요소는 발생치 않을 것이라 판단할 수 있다.

32. YES 시선, NO 시선

상대의 시선과 눈은 마주치는 사람과 물건과의 빈도수와 각도에 따라 달라진다. 마음에 따라 존중, 사랑 혹은 질투 아니면 적개심으로 나타나기도 한다. 도리로서 해야 할 상황인지, 형식적인 의례로 하는 인사치레인지, 진심 어린 마음으로 표출을 하는 것인지를 느낌으로 알 수가 있다. 주고받는 마음과 시선에 따라 자신감과 감정의 수준을 알 수 있다.

사람의 인격도 친절에 따라 품격으로 구분하자면 보통 세 가지로 나누는데 감사를 바라는 마음, 즉 받기를 염두에 두고 하는 하품(下品), 상대방을 의식해서 베푸는 중품(中品), 자신도 모르게 우러나오는 상품(上

品)으로 표현하기도 한다. 때와 경우와 환경에 따라서는 시각이 다른 차원에서 증오와 멸시로 느껴질 수가 있다. 받는 사람과 주는 사람이 같은 시각과 같은 마음일 때 더욱 효과를 발휘할 수 있는 것이 사람의 시선과 눈의 상충일 것이다.

상대방 사람의 시선을 보면 그 사람의 진심 어린 마음을 볼 수 있다. 눈을 맞추려고 하는 사람은 무엇인가 상대방과 교감을 통해 목감(目感)을 일차적으로 얻기 위한 시선의 행위인 것이다. 상대방에게 눈을 마주치지 않으려고 하는 사람은 상대방의 행동거지나 말에 관심이 없다고 볼 수 있다. 시선에 따라 호감의 등급을 나눌 수 있다. 존중하는 마음은 시선이 약간의 상향 각도를 가지고, 공유하는 마음은 상대방과 거의 수평관계를 가지며, 멸시하는 마음은 시선이 아래로 보는 각도를 가진다. 애인끼리 동시에 같은 음식에 손을 뻗는 일이 잦은 것도 그 예일 것이다. 심리학에서 미러링(Mirroring)이라고 한다.

일반적인 사람과 사물을 평가할 때 다각도로 봐야 한다고 하지만, 시선이 아니고 시각일 것이다. 시선은 단순하고 현재의 상태에서 1차적인 관점으로 보는 것이라면, 시각은 1차적인 단방면이 아닌 여러 방면의 다른 사람이 보는 정도의 것을 인식해야 한다. 시선은 눈의 빈도와 각도가 같이 병행되어야 효과와 빛을 발휘하는 계기가 된다. 사람의 시선은 세대에 따라 혹은 가지고 있는 전문적 견문으로 많은 차이를 가져오게 된다.

유아와 아동기의 시선은 자기중심의 호기심을 갖게 되고, 아동기 때의 시선은 바른 것과 옳은 것과 솔직한 것들의 시선을 갖게 되도록 맞추어야 한다.

10대에 학문에 대한 시선, 20대에는 이성과 취업에 대한 시선, 30대에는 직장에서의 시선, 40대에서는 가정과 직장에 대한 소중함의 시선, 50대에서는 자신과 식구, 친구와 사회와 이웃에 대한 시선, 60대에서는 인생의 삶에 대한 노년기의 새로운 시작과 자녀와 건강의 시선, 즉 자기만의 인생의 참미를 느끼는 노년의 시선, 70대에서는 자연의 아름다움에 대한 자연 사랑의 시선이다. "인생은 70부터다"라는 마음의 젊음을 회복하는 시선으로 제2의 인생의 시작점이 되는 점이라고 생각하면 될 것이다. 80대에서는 삶에 대한 숭고한 인생의 시선이라고 생각된다.

청소년기에는 아름다움의 추구, 인류를 위한 미래의 큰 수레 역할에 대한 자기의 포부를 갖는 시선을 지니게 된다. 장년기 때의 시선은 안정과 번영과 미래와 가치추구를 위한 열정의 시선을 열게 된다. 노년기에 사회환경으로부터 새로운 변화의 적응과 지속적인 평화와 온화한 마음 시선을 갖게 된다. 인간이 시대에 따라 세대의 변화 흐름에 해야 하는 목적에는 기준에 대한 YES 시선과 NO 시선이 상존한다는 것이다. YES 시선은 좋은 면, 좋은 생각, 좋은 환경, 좋은 인간관계로 모든 사람들이 선호하고 추구하고 일반적인 생활의 중요한 선행의 요인으로서 마음의 고정 값으로 생각하면 된다.

마음의 고정 값은 우리 인간이 좋은 것에 대한 가치기준 수치를 갖게 해서, 얻는 생각의 기준치인 것이다. 마음의 고정 값은 인간의 본성적인 선한 마음의 근본적인 것을 말하는 것이다. 어려운 상황과 환경에 처하게 될 때 긍정적인 마음을 갖게 되는 것도 포함된다. 의미의 보이지 않는 굳센 의지 값이다. 확고하면 마음의 고정 값이 클 것이고 마음이 약하면 고정 값이 작아지게 되는 불변의 원칙이라고 보면 된다.

반면에 NO 시선은 어두운 면, 부정적인 면, 무조건적이고 비판적인 면, 완전한 끝맺음을 못 하는 일의 처리로 결과들이 되는 것이다. 우리 인간들이 추구하지 않는 것들이다. 현대 사회는 YES, NO 시선의 혼합한 부분의 퓨전(Fusion) 부분이 상존하므로 경험 속에서 바르고, 공명정대한 시선의 잣대가 되어야 한다. 시각의 다른 면은 산업의 안전조건하고는 상이(相異)할 수도 있다. 시각적인 면과 시선적인 면은 자기중심적인 업무와 일에 대하여 분명한 차이를 둔다. 그러나 인간의 오류를 없애기 위해서는 사전예방을 구축하는 시스템을 갖추거나, 문화의식이 높아져서 발생원인이 기인되지 않거나, 태도나 행동을 향상시키는 여건 조성이 필요하다.

YES, NO 시선의 단기, 중기, 장기는 개인의 의식 전환도 중요하지만 조직의 분위기 향상도 빼놓을 수 없는 부분이다. 향상을 위한 YES 시선에 대한 많은 경험으로, 더 한층 자기 자신을 적극적으로 만들어야 한다. 인생을 볼 때 어려움을 겪고 성공한 사람들이 대부분이 밝은 면의 브라이트맨으로 격상과 위상을 시켜 생각의 정립을 해 온 사람들인 것을 분명히 인식하는 계기가 된다.

YES, NO 시선을 너무 이원화시키는 응축함이 있으나 단순히 양과 음으로만 볼 것이 아니라 핵심의 의미에서 생각과 행동과 사고를 해보라고 제시하고자 한다. 미국의 28대 대통령의 윌슨이 "한 시간의 스피치에는 별 준비가 필요 없다. 20분의 스피치에는 두 시간의 정도의 준비가 필요하다. 그러나 5분간의 스피치를 위해서는 하룻밤을 준비해야 한다"고 한다.

우리가 생각하는 오류라는 틀에 우리 스스로 조이고 꼼짝달싹 못하는 행동으로 좁게 생각지 말자. 크고 넓게 해결책을 가지고 일면성보다 양면성으로 미래를 보는 시견(視見)을 갖자.

33. 인간 모방이 우리 행동 전체에 40%다.
줄일 것인가? 높일 것인가?

베아트 샬러의 『사람의 행동을 결정짓는 심리코드』라는 저서를 보면 모방효과에 대하여 언급하고 있다. 모방효과는 똑같은 행동을 하는 사람이 많을수록 쉽게 따라 한다는 이론으로 한 가지 사례를 들고 있다.

뉴욕 시내의 길거리 한복판에 서서 맞은편 창문을 가만히 응시하고 있을 경우에는 지나가는 사람의 40%가 그 사람을 따라 위로 슬쩍 쳐다본다고 언급하고 있다. 그러나 걸음을 멈추고 제대로 위로 올려다보는 사람은 4%에 불과하다는 결과를 내고 있다. 이 부분을 모방효과라고 했다. 모방효과와 관련해서 3의 법칙도 이 효과에서 유래된 결과이다. 세 사람이면 환경과 분위기를 바꾸어 놓을 수 있는 최적조건의 인원 구성이 된다는 것이다.

예를 들면 시내 한복판에서 어느 실험인 한 사람이 맞은편 건물을 쳐다보는 행동을 하지만, 지나가는 행인 중 아무도 쳐다보질 않는다. 이번에는 실험인 한 사람에서 한 사람을 추가해 같은 행동으로 맞은편을 응시하니 지나가던 행인의 한두 사람만 쳐다보는 상황이 된다.

더불어 3번째 실험인을 추가해 맞은편 건물을 쳐다보니 지나가는 행인들의 대부분이 걸음을 멈추고 실험인들이 응시했던 곳을 응시하는 결과를 실험했다. 모방의 효과는 여러 방면에서 분석해 보면 장점과 단점을 가지고 있다.

장점의 부분은 학습이다. 학습은 아이가 엄마의 소리를 내기 위하여 500번의 반복 학습으로 완전히 익히는 효과와 같다고 한다. 응용부분의 초기단계에서는 학습이나 모방의 효과는 중요한 변화요인의 시발점이 될 수 있다. 단점은 창의성이 결여된 상태에서 운영되면 아무 효과를 못 보거나 실효성을 거두지 못하는 상태가 된다. 효과를 보지 못하는 부분이 결국 창의성의 결핍이다.

창의성의 가치를 추구하기 위해서 또는 차별화를 위해서라면 국가 간, 경쟁사 간, 개인 간에 심도 있게, 격렬하게 우위에 두고자 하는 것이 모방성이 없는 창의성이다. 모든 창조는 모방에서 시작한다. '모방은 창

조의 어머니'라고 한다. 모방은 가장 따라 하기 쉬운 단계로 마치 하드
웨어적인 부분에서 소프트웨어로 이전한다고 보면 될 것이다.

산업현장의 마케팅이나 경쟁사의 기술에 대한 모방으로는 성공할 수
없기 때문에 더욱더 빛을 발휘하고자 하는 부분이라고 판단된다. 마케
팅으로 차등화하는 전략은 "가격으로 승부하면 3류이고, 가치로 승부하
면 2류이고, 가슴으로 승부하면 1류이다"라고 한다. 형식적인 모방은 낮
은 수준인 것이다.

인간의 오류도 행동의 호기심이 분별력과 집중력을 강구해서 인간이
접할 수 있는 갭을 없애는 것이다. 사람의 행동모방은 산업사회에서 현
대인이 생각한 것보다 훨씬 스피드와 경쟁력을 가지고 움직이고 있다.
행동모방은 불안의 시대에서 좀 더 안정적인 시대로 가기 위해 행동의
비규범에서 벗어나야 한다.

모험과 예측이 불분명하기 때문에 안전의 위험경계에서 벗어나려는
인간심리의 한 방편인 것이다. 좋은 것의 모방은 지속적이고 연속되어
야 한다.

34. 당신의 행동은 느낌 있는 행동일까? 느낌 없는 행동일까? 차이는 무엇일까?

상대방과의 언어를 통하여 정보의 공유와 의사소통과 의사결정을 한다.
의사소통에는 비언어적인 몸짓이 55%이고, 감정(어조, 억양, 음성)이
38%이고, 정보가 7%의 비중을 차지한다고 한다. 사실은 7%이고, 비사
실은 93%가 된다는 것이다. 결국 비언어적인 것이 의사소통의 핵심인
것이다. 이런 효과를 보통 멜라니언 효과라고 한다.

언어의 소통에는 비언어적인 부분이 많은 비중을 가지고 있다는 얘기

이다. 소위 언어가 통하지 않더라도 보디랭귀지(Body Language)로 기본적인 소통을 하는 것을 보면 신체적인 표현이 우선일 것이다. 밥 먹는 표현, 물 먹는 표현, 화장실이 어디인지의 표현, 버스 타는 곳에 대한 표현이 몸짓으로 의사소통이 가능한 것 아닌가? 이것은 몸짓언어가 그만큼 언어의 소통에는 말하는 열의도 중요하지만 듣는 자세와 경청하는 태도도 중요하다는 의미이다.

인간의 행동은 어떨까?

만약 당신의 생각이 긍정적이라고 해도 부자연스러운 몸짓이나, 정적인 인상을 줄 수 있다. 그러면 상대는 '글쎄' 하며 확신을 갖지 않을 것이다. 사람이 사람을 대할 때 '무엇을' 말하는가보다는 '어떻게' 말하고 행동하는지를 문제해결 중심으로 얘기한다면 상대방에게 쉽게 문제를 풀어 나가는 사람이란 인상을 줄 것이다. 느낌 있는 행동, 즉 무엇인지에 대한 흐름이나 판단하는 것이 선행될 것이다.

타인을 대하는 것이 어색하다면 당신 특유의 무의식적인 몸짓, 버릇으로 긍정적 혹은 부정적인 것에 대하여 어떻게 반응하고 있는지 확인해 보자. 그러면 상대방의 특성을 알게 될 것이다. "거미줄로 목 매기"라는 속담이 있듯이 형식에 치우쳐 겉치레로 표출하는 것이 아닌 실질적인 표현으로 나타낼 줄 알아야 한다. 상대방이 확실하게 느낌을 받아야만 정확한 걸 표현이 되었다고 볼 수 있다.

느낌을 가지고 일에 접하는 당신의 행동과 그렇지 않은 행동은 오류 발생에 중요한 관건이다. 느낌은 일을 접하게 되는 첫 번째 행동의 의식이며, 감정이다.

동일 생각으로 행동을 하는 자만이 느낌으로 옮겨지는 동행조건이다. 우리는 보통 느낌이 있는 사람이라고 표현하면 그 사람은 어느 부분이든 자신감과 애착감을 가지고 접한다는 것을 알 수 있다. 반대로 느낌이 없는 행동은 목적에 대한 방향과 진취적인 적극성과 자신감과 명확하지 않은 주체의식으로 부족함을 나타나게 될 것이다.

느낌이 있는 행동과 없는 행동 중간 부분의 완충 느낌은 상대방에게 애매모호한 전달과 자기표현의 완전하지 못한 표현으로 오류의 시발점을 가져올 수가 있다. 세계 소비자들에게 강하게 나타나는 특징을 보면 미국 사람들은 성능으로 보고, 독일 사람은 내구성을 보고, 프랑스 사람은 디자인을 보고, 한국 사람은 느낌이 없는 행동으로 판단되는 눈치로 본다. 한국 사람들은 형식적인 부분에 치우쳐 있다는 것으로 표현했지만 전부를 표현한 것은 아니다. 시대의 흐름에 따라 문화의 소용돌이 속에서 조금씩 변해 가고 있는 것은 생각보다 행동이 아닌가 싶다.

일전에 이규태 선생님이 쓴 『탓의 한국학』의 내용과 한국에서 26년 동안 살아온 일본인 이케하라 마모루 씨가 쓴 『맞아 죽을 각오를 하고 쓴 한국 한국인 비판』의 내용도 한국인의 생활을 있는 그대로 표현해서 우리의 행동과 의식의 비중을 실은 내용이 있다. 염치없는 한국인들에 대한 이야기와 무법천지인 대한민국에 대한 이야기를 맞아 죽을 각오로 쓴 한국인들에 대한 비판의 내용이다.

더욱이 한국의 미래에 대한 걱정스러운 이야기를 일본인 입장에서 한국인의 별난 부분을 기술한 내용은 웃어넘기기에는 많은 개선의 내용이 필요하다. 그중에는 한국인의 행동과 사상, 오류, 느낌의 표현에 대한 유무는 행동과 생각의 방향과 각도의 기준 차이로 많은 오차와 문화의 차이를 가져오게 되는 부분이다. 인간의 행동은 느낌 있는 것과 없는 것과는 상당한 괴리를 가져오는 상황에 처하게 되고, 행동의 차이를 유발한다.

느낌이 있는 행동은 상대방이 공감하고 서로 간에 감성관계가 되는 관계이고, 느낌이 없는 행동은 말하는 사람만이 일반적인 주창이나 언어의 표현으로 공감대나 감성을 얻지 못하는 것을 말하는 것이다.

35. 핵심가치 중에 행동의 혼을 심어라

2005년도 맥킨지의 보고서에 의하면 "기업의 평균 수명이 1955년에는 45년, 1995년에는 22년, 2005년에는 15년으로 짧아지고 있고, 더불어 5년 만에 500대 기업의 1/3이 교체되었다"고 한다. 변화의 속도와 무한 경쟁의 시간 속에 살고 있음을 실감케 한다. 변화의 내면에는 물리적·화학적·생물학적인 반응으로 기업과 사람의 존재 안에 운동량을 가지고 있다는 것이다. 끝없는 경쟁은 어제가 과거가 되고 현재가 진행형인 과거로 치닫고 있는 상태에서 그 어느 것 하나 생각과 행동과 실행이 크고, 작음 없이 경쟁의 선상에 서 있는 것이다.

장수하는 기업의 공통점은 혼이 있고, 정신이 살아 있으며, 특유의 철학과 문화가 있다. 이런 기업 중에는 내재적이고, 영속적인 신념과 정체성과 사고, 행동으로 핵심가치 기준을 가지고 있다. 안전을 잘하는 선진국의 공통점은 코드와 시스템의 활용도가 높다는 것이다. 기업마다 가지고 있는 핵심가치는 중요한 방향성의 지표이자, 구심점으로 소홀히 할 수 없는 기업정신이 들어 있다. 미국의 GE는 기업정체의 유지와 내부결속을 다지기 위해 가치의 중심인 4행동과 8가치를 두고 있으며, IBM은 밸류-잼(value-jam)을 통한 종업원의 참여를 유도하고 있다.

국내 기업의 대기업 그룹은 핵심가치를 모두 반영하고 적용하고 있다. 차별하는 실행의 갭이다. 그 분류에는 사람과 미래와 경영과 상생과 변화에 대한 대응 및 인간관계 등으로 경영도구로 제시하고 있다.

핵심가치에서 행동은 중요한 역할 및 실행의 요인으로 작용하고 있다. 그런 측면에서 보면 행동가치에서 대기업의 최고경영자는 의사결정의 핵심인이다. 『포춘』지에서 CEO의 6가지 습관을 언급한 내용을 보면 "실행에 옮기지 못하는 CEO의 70%가 전략에 문제가 아니라 행동으로 옮기지 못하기 때문이다"라고 지적하고 있다. 결국 행동의 실행력에 대한 중요성을 강조하고 있는 것이다.

기업의 핵심추구도 행동에 대한 부분이 아이템마다 인식하고 전략을 잡아 추진의 모티브가 되도록 구성되어 있다.

행동의 시발점이 마음에서 실천으로 옮겨지고, 목표에 실현함으로써 자체 가이드라인은 개인과 조직과 기업이 활동 주체가 되는 것이다. 기업의 경영자는 핵심가치의 창조자가 되고, 조직의 리더는 핵심가치의 이노베이터(Innovator), 팔로어(Follower), 무버(Mover)가 되며, 개인은 핵심가치의 실천자가 되어야 한다.

일의 관리와 역량관리와 개인행동이 실천덕목으로 연계되는 것은 일차적으로 행동이다. 행동의 비중은 아무리 강조해도 중요한 약방의 감초임을 알아야 한다. 행동에 대한 경중은 인생의 핵심가치이고, 핵심역량의 중요한 무게를 가져야 한다.

비근한 사례로 외국의 안전실천 행동강령이나 대책의 과제를 보면 인적 오류(Human Error)라는 과제가 반영되어 비중과 무게를 싣고 있다. 우리나라는 일부 기업을 빼놓고는 인적오류는 종업원들에 대한 행동의 잘못으로 귀책을 문제시 하고, 오류는 기본에서 벗어난 결과로 판단하여 발생되면 당연법칙으로 생각하고 있다. 이어지는 생각이 관심 소홀까지 접하게 되는데 실질적인 개선을 위한 많은 시간과 노력과 연구가 필요하다.

제8절 자기 행동에 있어 성공의 신념지수를 높이는 원칙

36. 차이가르닉 효과는 행동의 반복효과를 준다

1920년대 러시아 심리학자 블루마 차이가르닉(Bluma Zeigarnik)이 발견한 차이가르닉 법칙은 한 가지 일을 여섯 시간 공부하는 효과보다, 시간시간마다 쉬어 가면서 하는 효과가 더 효율적이라고 발표한 이론이다. 예를 들면 식당에서 주문을 받는 사람 중에 일률적으로 주문을 받는 것보다, 다른 일을 해 가면서 주문을 받는 사람이 주문의 오차가 적다는 것을 나타내는 이론이다.

어떤 일에 전문가가 되기 위해서는 단기숙성으로 처리하는 것보다 지속적으로 다른 업무도 병행해 가면서 꾸준히 하는 사람이 오랜 기억 속에 남는다는 것이다.

요즈음 나무꾼의 톱질에 대한 이야기가 이와 유사한 내용이 아닐까란 생각이 든다. 그 내용은 쉬지 않고 톱질하는 나무꾼과 쉬엄쉬엄 쉬어 가면서 그 시간에 무딘 톱날을 손을 보면서 나무를 베는 나무꾼이 있다. 두 나무꾼의 결과를 비교해 보면 후자가 훨씬 효율성과 실효성을 가져온다. 효율과 실효는 시간에 대한 분모를 두고 작용하는 조건이 전제되는 것이다.

만 시간의 법칙도 사람이 전문성을 가지려면 만 시간에 투자를 해야 한다는 것으로 그렇게 따지면 3시간씩 10년 이상의 열정과 투지와 시간이 병행되어야 한다는 것이다. 시간을 쪼개어 쓰는 사람에게 하루의 시간은 동일하지만 24시간으로 사용하는지, 1,440분을 사용하는지, 86,400초를 사용하는지는 결국 시간 활용에 대한 방법론이다

한정된 시간을 듬성듬성 쓰느냐, 알뜰살뜰하게 쓰느냐는 우리가 시간의 중요성을 알고 가치기준을 마음과 행동에 두느냐에 따라 얼마만큼의 비중을 가지고 있느냐가 우선 중요하다.

시간은 사람에 따라 값어치의 중요성을 금값과 은값, 동값으로 매겨질 수 있다. 1시간의 중요성, 1분의 중요성, 1초의 중요성은 경험한 사람에 의하여 가치가 그만큼 커질 수가 있기 때문이다, 좋은 시간 활용으로 환경의 배가되어 인간의 행동에 대한 실행률이 가속될 때 진정한 의미를 가진다.

우리가 많은 일과 사람의 관계 속에 움직인다고 생각하면 일시적인 업무 처리보다는 꾸준한 업무 지속이 더 효과적으로 나타날 수 있다는 것이 머릿속에 남게 한다.

인간의 오류도 예방과 오류 없는 지속적인 관리를 위해 원인에 대한 사고를 찾아 해결을 하는 방법으로 합심점을 갖는 기술이 필요하다. 해결 과정 중에 대응력을 키우는 시간이나, 관리력의 향상은 문제의 해결에 견고성과 신속성을 내재시키는 것이다.

인간오류는 나와 관계된 신체적·물질적·환경적·심리적인 것에 의하여 그릇된 결과를 가져오게 하는 산물로 성과물이 좋은 기대치의 값이 아니라는 것이다.

오류에 대한 차이가르닉 효과를 유추해 본다면 생활에서 발생하는 것보다 본연에 일 중심의 현장과 일의 작업에 의존성이 큰 것이다. 일에

대한 의존성은 행동의 반복성에 기인되는 발생원이 산업현장이기 때문이다. 차이가르닉 효과를 적용해 보면 인간오류성의 시발점은 단발의 연속성보다 장기적인 연속성에 초점을 맞춰야 한다는 판단이다. 인간의 여유 오차가 중간중간 연결고리를 가져가야 된다.

인간의 차이가르닉 효과를 효율적으로 적용하기 위해서 3가지 선행 조건을 제시하고 있다. 하나는 인간의 심리가 안정되어야 한다는 것이다. 예를 들면 미국의 어느 설문지에 "당신은 천국에 갈 수 있느냐"의 질문에 87%가 "천국에 갈 수 있다"는 믿음을 가지고 대답한다고 한다. 그것은 신념의 확신이 있어 보인다고 말할 수 있다. 믿음에 대한 안정이라고 본다. 87%가 높은 것인지 낮은 것인지 기준은 없지만, 어느 종교이든 그 나라의 국민성에 스며들어 있는 종교관과는 분명 연관성이 있는 것이고 지속성이라고 본다.

한국의 부모에게 "자녀가 문제가 생기면 부모에게 상의를 할까요?"라는 질문에 부모는 54%에 "그럴 것이다"라고 대답하지만, 자녀들은 4%만이 "부모하고 상의(相議)를 하겠다"라고 대답하는 것은 부모와 자식 간에 믿음의 불씨가 없다는 것으로 본다.

불안정이란 표현에는 낮은 비율로만 결론을 낼 수 없지만 부자지간에 적용된다면 믿음의 불안정이 잔존한다는 것이다.

둘째는 생각의 연속성에는 분명한 충전이 되어 있어야 한다는 것이다. 일반기업에서는 업무 집중시간이 운영되고 있고, 열심히 근무한 직장인들은 리프레시(refresh) 휴가를 떠나는 것도 일종의 충전을 갖는 시간일 것이다.

셋째는 생각이 항상 의식화되어 있거나, 살아 있어야 한다는 것이다. 전제조건은 뚜렷한 목표의식과 일에 대한 선택과 집중이 최고점보다 극한점에 두고 여유율은 가져가야 한다. 같은 주먹을 뻗되, 돌리면서 뻗으면 더 많은 힘을 가하는 것과 같은 의미는 전 세계 챔피언인 홍수환법 타격을 가하는 것과 같다.

생각의 의식화를 행동이라 표현하면, 행동의 의식화는 목표가 분명한 연습일 것이다. 연습도 차이가르닉 효과를 나타내고 있다.

여덟 살 나이에 '피아노의 전설'이 되어 버린 예프게니 키신의 피아노 연습량은 하루 6~7시간이라고 한다. 우리가 알고 있는 최초의 흑인 홈런 왕 행크 에런은 연습에 대하여 "매일 정신이 아득할 정도로 많은 시간을 연습에 쏟고 나면, 이상한 능력이 생긴다. 다른 선수들에게는 없는 능력이 생기는 것이다. 예를 들어 투수가 공을 던지면 전부터 그 공이 커브냐, 직구냐를 알 수 있게 된다. 날아오는 공이 수박처럼 보인다"라고 한다.

"연습은 마법과 같다"고 보는 위치다. 세계적인 스케이터인 김연아는 잠자는 시간을 빼놓고는 연습하고, 프로골퍼 최경주는 하루 8시간씩 4,000번 이상의 공을 피나는 연습으로 세계무대에 우뚝 섰다. 과거의 농구스타인 이충희 선수의 하루에 3,000개 이상의 슈팅연습은 유명한 일화이다. '슈투트가르트의 강철나비'라 불리는 강수진은 나이에 굴하지 않고 한 시즌에 토슈즈를 수십 켤레씩 버릴 만큼 연습의 연습을 거듭하여 무대에 오른다고 한다.

차이가르닉 효과는 생각의 안정과 여유와 의식화가 행동의 도전, 목표, 성취감으로 결과의 효과를 얻는 것이다. 연속성의 요인이라면, 연습은 차이가르닉과 같은 효과를 낼 수 있는 것으로 인간이 가지고 있는 행동의 극복과 목표화가 실행하는 것을 의미하게 된다.

헬렌 켈러가 "세상에서 가장 큰 장애는 목표가 없는 사람이다"라고 얘기했다. 인간에게 행동의 변화는 목표를 지향하는 실행의 표출이다. 목표를 위한 도전의 반복으로 접근해 보자. 멀리 보이는 목표가 구체화될 것이다.

37. 자기 파괴행동을 없애야 자신의 행복을 찾는다

리사 히메네스(Lisa Jimenez)의 『두려움을 정복하라』는 저서에 보면 자기 파괴행동에 대하여 5가지를 말하고 있다. 자기 파괴행동은 자기를 파괴시키는 행동이 무엇인지를 바르게 인식시켜 주는 것을 말하고 있다.

첫 번째, 미루는 버릇을 얘기하고 있는데 이 행동은 감춰진 두려움이나 성공에 대한 두려움에 대하여 자신의 능력을 제한시키는 신념이라고 말하고 있다.

두 번째, '정리정돈 안 하기'인데 자기의 정리정돈을 시스템으로 개발하지 않았거나 따르지 않아서 발생한다고 한다. 자기 나름대로의 규율이나 최소한의 기본수칙이 없다는 것을 말한다.

세 번째, '화내고 반항하기'인데 고통이나 통제 불능 상실감, 목표에 대하여 실행을 맞추진 못하는 것 등이 그 사항이다. 자기의 행동에 대하여 능력 부족이나 환경으로 인해 달성치 못하는 감정의 분출이다.

네 번째, '생산성 없이 바쁜 척하기'가 있는데 목표에 대한 시간 관리나 의사결정이 미뤄지거나 확고한 목표 없이 시간흐름에 흘러가는 사람을 말한다. 일과 시간의 목적 없이 움직이는 사람을 두고 얘기하는 것이다.

다섯 번째, '남의 눈에만 잘 보이기'인데 "실수에 대한 두려움이나 일에 대한 조직의 갈등이나 부정적인 신념으로 발생한다"고 말하고 있다. 변화와 혁신이 없고 창조가 없는 자기 파괴는 죽어 있는 자기 파괴인 것이다. 역설적으로 말하면 새로운 가치의 창출과 변화된 자기 파괴는 꼭 있어야 하는 것이다. 우리가 말하는 자기 파괴는 새로운 창조를 위한 자기의 가치를 새롭게 변화시키는 것을 말한다. 자기 파괴는 정신적인 것과 감정적인 것으로 실행의 행동을 울타리에 가둬 두는 행위라 볼 수 있다.

자기의 파괴가 가치추구라는 전제가 되어 변화를 가져가는 것이라면 결국은 행복이 원칙이 되어야 한다. 파괴와 희생은 자기 본위와 타위 본위에 따라서 목적과 가치기준에 따라 분명한 차이는 있다. 파괴와 희생은 어느 곳에 목적과 비전을 두고 가치추구를 하느냐에 따라 변화추구가 달라지는 것이 아닐까 한다.

논리요법을 창시한 알버트 엘리스는 "행복과 불행을 결정짓는 것은 결과 자체가 아니라 그 결과를 받아들이는 자세에 달려 있다"라고 말했다. 행복은 마음가짐을 갖는 사고방식에 따라 행복이나 불행을 가질 수 있다. 원인은 사고방식을 자기중심에 둠으로써 가벼울 수도 있고, 무거울 수도 있기 때문이다.

안전의 궁극적인 목표는 인류복지의 실현이고, 행복 추구이다.

작게는 개인의 안전한 생활이지만 크게는 국가경제의 안정적인 유지일 것이다. 안전과 행복은 상관관계가 있는 지수이다. 그만큼 떨어져서는 안 되는 필수 불가결의 관계이다.

단테는 행복의 원칙을 4가지로 얘기하고 있다. '과거에 연연하지 않는 것', '작은 일에 화내지 않는 것', '현재에 만족하는 것', '남을 미워하지 않는 것'이라고 했다. 단테는 행복에 대한 정의를 했지만 이와 같은 생활을 하는 사람은 행복에 가깝게 접근하고 있거나, 아니면 행복의 울타리 안에 있는 사람이다.

동일조건에서 행동으로 조절할 줄 아는 사람은 행복을 가진 사람이다. 더불어 "행복을 경영할 줄 아는 사람"이라고 정의하고 싶다. "행복을 경영하는 것이 자신의 행동의 행복지수를 다스리는 일이다"라고 해도 과언이 아닌가 싶다.

미국의 어떤 긍정적 심리학자는 삶의 행복한 5가지 비결을 '너그러워질 것', '현실적으로 평가할 것', '자부심을 가질 것', '무엇을 하던 최선을 다할 것', '명랑하게 살 것'이라고 제시하고 있다. 좀 더 풀어서 깊게 생각하면 너그러움에 대한 관용이 필요하고, 돈키호테처럼 과대망상이 아닌 현실적으로 냉철한 것이다. 실용적인 부분으로 적용하는 것과 긍지를 가지는 것과 무엇이든 긍정적으로 보고, 혼신을 다하는 것과 즐거운 마음을 가지는 것은 행복의 핵심으로 자리 잡고 있다는 것을 나타나게 한다.

행복과 불행은 자기 자신을 흰색의 상자에 넣을 것인가, 아니면 검정색의 상자에 넣을 것인가는 주관이 되어 자기의 행동과 생각으로 행복과 불행을 주도해야 한다. 자기 파괴는 변화의 양자택일에 선택함을 가지고 있다.

결국 자기 파괴행동은 자신이 근간이 되어야 한다. 현재의 환경적인 부분을 즉시 행동하고, 미래 지향적인 측면에서의 자기의 확고한 마음과 정서가 분명하게 정립되어야 한다. 그것만이 자기 행동에서 파괴를 가져올 수 있는 조건의 법칙을 소멸할 수 있다. 그래서 개인의 행동이 행복을 가져오고, 삶의 범주 안에서 이루어지는 조건이 된다. 행동이 행복을 가져오기 위한 절차는 각 개인의 수많은 의식과 마음과 책임과 노력과 수반되는 결과물로 나타난다.

자기 파괴행동은 마치 마가복음 14장에서 예수께서 베드로에게 하신 말씀 "곧 닭이 두 번 울기 전에 네가 세 번 나를 부인하리라"는 것은 자기 파괴가 아니고 자기 부인이다. 자기 자신을 우선 부인(否認)하는 것은 새로운 것의 도전함과 현재의 위치에 대한 부정을 나타내는 것이다. 그 전제가 나에게 행복을 가져올 수 있는 가장 가까운 것, 가장 실현 가능한 것, 가장 쉽게 자기를 변화로 실현시킬 수 있는 방법을 찾는 것이 수행되어야 한다.

자기 부인(否認)은 자기 자신의 환경의 변화와도 통할 수도 있다. 삼성의 그룹 총수인 이건희 회장도 자기 와이프와 자식만 빼놓고는 전부다 바꿔 보자는 의미는 또 다른 변화의 나를 찾는다는 것을 뜻하는 것이다. 1차적인 행동의 변화가 아닐까!

자기 부인은 외형적인 부분으로 가시적인 것이고, 자기 파괴는 내면 적인 부분으로 정신적인 부분에 비중을 두는 것이며 보이는 부분도 반영될 수 있다.

자기 파괴의 비중이 행동과 마음에 편중되어 있다면 저자는 우선적으로 유연성을 키우라고 말하고 싶다. 톰 피터슨의 『리틀 빅 씽』에서 보면 조직의 유연성에 대한 특징을 개개인이 특성과 문화 등으로 말하고 있다. 전략 측면에서는 4가지 요소를 강조하고 있는데, 그중에 중복성, 여유, 비용, 평정심이다.

자기 파괴는 변화의 중심과 환경에 대한 적응과 물질적 추구를 인지하고 명확히 자기 주관을 세워 이에 맞는 역할과 책임으로 추진해야 한다. 자기 파괴는 마음의 변화로부터 온다고 본다. "아무것도 주지 못할 만큼 가난한 사람은 없다. 아무것도 받지 못할 만큼 부자인 사람도 없다"라는 속담도 있듯이 말이다.

세계적인 구호단체 월드비전 캐나다의 회장인 데이브 토이센은 자신의 저서 『나눔』에서 얘기하고 있다. "자기 파괴는 생각과 마음과 의지와 행동의 구심체를 우선적으로 변화와 인지의 중심축에 놓고 환경과 사람과 주변 인터페이스의 네트워킹의 변화를 연결고리로 해보는 것이 우선이다"라고 강조하고 있다. 자기 파괴는 자기 변화의 내면적과 외면적인 부분을 통합한 복합적인 부분으로 정신과 육체가 한꺼번에 제로베이스에서 결합되는 것으로 자기 부인(否認)과는 다른 관점이다. 자기 부인은 현재의 상황에서 환경적인 면이 우선적으로 좌우된다고 보면 될 것이다.

결국은 자기 파괴는 내면 중심으로 있지만, 자기 부인은 그 부분에 일부분이 외면적인 것으로 반쪽의 면만 보게 되는 것을 말하는 것이다.

38. '못해' 심리는 생각과 행동의 부정적 지수이다

예전에 들었던 이야기 중에 "파란 말을 가지고 있는 나라는 신(神)이 큰 상을 내리겠다"고 전 세계에 선포했더니 미국은 축제를 먼저 열었고, 영국은 도서관으로 달려갔고, 중국은 말을 찾아 나섰고, 일본은 하얀 말을 뽑아서 파란 털을 하나하나씩 심는 작업을 했다고 한다. 우리나라 사람은 하얀 말에 파란 물감을 쏟아 부어 파란 말을 만든다는 일화가 있다. 우리나라 사람이 일에 대한 조기 매듭형의 일환으로 습관된 것을 빗대어 얘기하는 것임을 알 수 있다.

이런 행동은 그 나라의 국민성과 문화 차이를 두고 벌어지는 하나의 에피소드인 것이다. 일에 대한 빨리빨리의 조급함과 대충대충의 엉성함과 남에게 지기 싫음으로 일에 대한 후다닥 처리함의 대충 마무리병이 우리나라 국민의 밑바닥에 깔려 있는 3대 '함' 증상이다. 이 증상은 몸에 배인 '못해 심리'와 뒤지기 싫어하는 배 아픈 근성의 마음적인 삶이 그것이다. 사실 파란 말은 구할 수 없는 상황이고, '못 구한다'라는 생각이 지배적이다. 누구나 동일한 생각과 행동으로 일괄되지만, 문제를 받아들이는 자세는 결국 생각과 행동에서 나타난다고 볼 수 있다.

이토 아키라는『사고개혁의 심리학』에서 못 하는 심리를 소극적 심리로 표현하고 있으며, 일곱 개의 원인으로 나타내고 있다.

<사고 개혁 못 하는 7가지 심리 원인>

1. 사회적 조건
2. 가능/불가능의 이분법적 사고
3. 자기 성취적 예고
4. 내 재능의 두려움
5. 강렬한 타인 의존 의식
6. 나르시시즘의 세계에 안주하고 싶은 마음
7. 못하는 것이 아니라 하고 싶지 않은 마음

사회개혁이라 사회적인 부분이 우선적이기는 하지만 그 안에 개혁이란 문제로 보면 두 가지로 볼 수 있다. 하나는 고정되어 있는 물적·인적 부분을 고친다는 관점과 또 하나는 새로운 변화의 관점으로 본다고 생각하면 된다.

인지에 대한 의미는 문제가 지속적으로 발생하는 것을 타파하기 위한 것으로 먼저 자신을 중요하게 생각하고, 생각을 변화시키는 것이다. 생각이 심리의 함정에서 탈피할 수 있는 첩경이다. 자신의 정신적인 것을 정립하기 위해 할 수 있는 방법은 입버릇을 습관화하는 것이다. 입버릇으로 되뇌는 것은 '할 수 있다'라는 자신감을 팽배하게 하는 것이다. '못해'라는 심리 부분을 행동의 생각에서 의식까지 도달해서 능력의 관계지수까지 연결고리를 가지기 때문에 고리를 잘라야 한다.

뇌의 학자가 기부를 하는 사람과 돈을 내는 사람과의 전두엽의 피질 크기가 달라진다고 한다. 사람의 뇌도 물질에 따라 반응의 크기가 달라짐을 알 수 있다. 기부를 하는 피질크기가 커진다고 한다. 항상 칭찬받고 자란 아이의 뇌는 밝고 활성화되어 있고 야단을 받고 자란 아이의 뇌는 검고 또래의 뇌보다 상당히 위축되어 모양으로 되어 있다고 한다.

일본 관상어 중에는 '코이'라는 잉어가 있다. 작은 어항에 기르면 5~

8센티미터밖에 자라지 않지만, 큰 연못이나 강물에 방류하면 90~120센티미터까지 성장한다.

사람의 능력도 자신이 생각한 만큼 가슴에 품은 이상의 실행력을 높이면 성장할 수 있다는 것을 보여 준다. '못 해'라는 억압지수의 생각과 행동 탈피 기본은 언어로부터 실행을 높이면 될 것이다. 행동 탈피는 긍정적인 자세와 마음가짐과 부정적인 생각을 완전하게 부식하는 것이 첫 단계이다.

말을 입버릇처럼 할 수 있도록 표현한다면 세 가지 실행방법이 있다. 첫 번째 방법은 입버릇을 생각으로 성장할 수 있는 마술 같은 말로서 희망적인 말과 긍정적인 말, 감사의 말을 항상 되뇌는 것이다.

두 번째는 자기가 생각하는 좋은 말을 하고, 쓰고 싶은 말을 노트나 쪽지에 적어 잊지 않도록 가끔씩 읽어 보는 것이다. 링컨은 기다란 모자 안에 메모하는 수첩과 연필을 가지고 다닌 메모의 광이었고, 이해인 수녀님은 들고 다니는 가방 안에 여러 개 조그만 몽당연필과 수첩이 들어 있어 시상이 생각나면 시간과 장소의 구애 없이 적었다는 일화는 유명하다. 이처럼 좋은 말과 글을 쓰기 위한 사전의 준비는 개인의 노력이 전제되는 것이라야 한다. 실천이 입에 배이고 지속성을 갖게 되면 몸에 배이게 되고 생각과 행동의 실천지수가 되는 것이다.

세 번째는 주변사람의 입버릇을 확인하는 것이다. 주변 사람도 좋은 사람의 입버릇처럼 만들려고 환경을 조성하는 것이며, 생각에 따라 움직이게 되는 것이 보완재처럼 해주는 것과 같은 행동인 것이다. 행동도 바늘 가는 데 따라가는 실처럼 '못 해'라는 심리적인 부분이 변하게 될 것이다. 마치 99에 마지막까지 1이 더해지지 않으면 100이 되지 않듯이, 1의 중요함을 이야기하듯, 마지막 1의 역할 여부에 달려 있다고 본다.

'못 해' 심리를 타파할 수 있어야 흰색이라는 자신감의 상자에 들어갈 수 있고, 검은색의 상자에 들어가서 '못 해 심리'를 개선해서 유지할 수 있게 된다. 현재까지의 시간과 공간과 환경에서 자신과의 유지관계에서 생각을 바꾸는 것은 발상을 전환함으로써 시곗바늘과 추처럼 어울려져야 됨을 의미하는 것이다.

행동도 생각과 같이 움직여질 때 내 인생을 바꾸게 되는 행동인과 생각인을 거쳐 실천인이 되는 것이다. 못 한다는 것을 해결하는 것과 행동과 생각과 실천은 사고(思考)와 실행력(實行力)의 결합이다. 우리가 할 수 있다는 자신감과 각오로 못 한다는 억압지수에 짓눌리지 말고 장벽을 넘어갈 수 있도록 자기의 행동과 생각을 펼쳐 보자.

39. 동물과 인간행동의 유사점은 갈등행동이다

인간의 행동이 동물의 행동과 어떤 차이를 보일까에 대하여 이야기를 잠깐 해 보자. 저는 인간의 오류 중에 행동에 대한 부분에 많은 관심을 가지고 있어 안전 관련 학회나 학술지에 인적 오류나 인간의 행동에 대한 논문을 발표하고 있다. 인간의 행동과 동물의 행동은 많은 부분에 차이가 있다. 그러나 조금 연관시켜 보면 행동과학 측면에서 동물의 행동을 크게 6가지로 분류하고 있는 것이 일반학설이다.

첫째는 헤스(Hess)에 의해 밝혀진 오리새끼의 알을 깨고 나서 13~16시간 동안 임계기에 노출된 시각으로 결정되고 각인한다는 것이다.

둘째는, 동물들끼리 물고, 껴안고 하는 결속, 셋째는, 변화되지 않은 형태와 환경 자극으로 스스로 나는 새의 형태들의 고장 활동 양상이며, 넷째는, 사슴이나 뿔 달린 짐승의 서로 간에 뿔을 걸고 밀기만 하는 의식화 과시, 다섯째는, 봄의 짝짓기를 위해 배에 붉은 색깔을 띠고, 훈련받은 적이 없는 병아리나 고양이 새끼가 절벽을 유리로 덮어 안전하게 건너갈 수 있는데도 불구하고 그 앞에 머뭇거리며 절벽 모양을 내는 형태의 생태적 방출기제 등이 있다.

여섯째는, 동물의 행동 중에 제일 다양화를 띠는 갈등행동이다. 갈등행동은 동물에게 있어서는 생존하고 연관이 있으며, 이런 경쟁갈등은 동물세계에서 큰 비중을 차지하고 있다.

인간행동과 너무 흡사하다. 갈등행동은 정신적인 부분과 심리적인 부분으로 행동의 오류에 시발점이 되는 것을 보여 준다. 동물과 마찬가지로 인간에게도 어떤 갈등행동을 보이는지를 8가지로 분류한다.

첫째는, 인간의 양상으로 분석해 보면 교수와의 불쾌한 면담으로 손과 팔을 책상에 놓고, 몸을 앞으로 기울여 의자에서 일어나려는 자세의 의도동작이다. 둘째는, 배우자의 말다툼으로 인한 공격성을 아이에게 표출하는 행동 혹은 상대방끼리 싸우는데 경찰관이 중간에 개입하려고 할 때의 공격받을 가능성의 재지향화이다. 셋째는, 사전에 불합리하고 연관성이 없으면, 중요도가 낮은 긁기, 몸단장하기(털 다듬기 행동)를 보이는 전치활동이다. 넷째는, 알에서 부화한 새가 방 천장에 날아가는 파리를 잡아먹든가, 조용한 집에서 밖으로 나가면서 침입자가 온 것처럼 짖는 개의 행동 등이 진공활동이다. 다섯째는 마치 행동이 두 상반행동을 보여 주는 순환행동이고, 여섯째는 두 갈등 사이에 적합한 행동을 하게 됨을 타협형성이다. 일곱째는, 인간과 동물 사이에 신체 동작과 얼굴표정은 일면 성적 또는 공격적 욕동에 의한 접근과 도피와 후퇴로 인한 양가행동이다.

마지막으로 동물은 동시에 많은 자극이 주어질 경우 극히 일부에서만 반응하는 것으로 보이지만, 때론 적당한 반응에는 보이지 않지만, 부적절한 자극에 반응하는 오발행동으로 분류한다.

인간의 행동도 동물의 행동과 유사한 부분으로 적지 않다. 유전적인 요소, 사회적인 요소, 발달사적인 요소, 환경적인 요소 등이 복합적으로 작용하여 결정된다. 갈등행동은 인간에게 있어 지식 유전적인 요소와 환경적인 요소가 인간의 행동을 결정한다. 동물들의 갈등과정을 보면 꼭 이론적인 부분만으로 설명하기가 어렵다.

의도동작, 타협 형성, 오발행동 등은 동물에게만 보여 주는 것이 아니라 인간과 어우러지는 부분이 발생된다. 동물과 인간과의 갈등 관리는 자기중심적인 부분과 목적 중심적인 부분과 과도적인 부분으로 인한 자기 과시적인 행동이 인간과 동물에게도 공통되는 부분이다. 인간의 갈등 관리는 생각과 행동에서 자기주장과 실행의 차이로 오는 불안정의 피크치이다.

갈등 관리!

행동의 우선에 비중을 낮춰라. 동물의 갈등 관리에서 배울 수 있는 점이다. 인간에게 있어서는 유전적인 부분은 1차적인 변화의 요소라는 것에는 어쩔 수 없다고 보자. 사회인으로서 환경에서 자기 과시의 비중을 낮추면 갈등 관리에서 시발점은 없다.

모두 그렇지만은 않지만 기본적인 행동과 마음의 자세엔 동양의 정서가 있지 않을까 생각이 든다. 필자가 늘 고사성어 중에 마음에 새기고 있는 것이 있다. 겸병지승(兼倂之勝)이다. "항상 겸손하면 차후에 승리한다"는 의미인데 항상 되새기어 늘 마음을 바르게 하고 행동을 겸양케한다. 결국 상대방도 나에게 적대심을 갖지 않고 나를 대하기를 부담스러워하지 않고 자유스러워하며 서로 간에 같은 마음을 갖게 됨으로써 평정심을 찾게 된다. 동석의 자리에서 많은 시간을 나누게 되는 시간을 갖게 된다.

자기를 낮춰서 갈등 관리의 1차적인 문제해결인 자기의 주장과 의사(意思)와 생각과 고집과 아집으로 상대방과 조율하고 균형을 이뤄서 새로운 좋은 점을 찾아보자. 갈등 관리에서 가장 중요한 부분으로 자기를 낮추는 방법으로 좋은 사례가 있다.

조선 초 맹사성은 이른 나이에 장원급제하여 마을에 군수가 되어 자만심으로 가득했는데 어느 날 유명한 고승을 찾아가 뵙는다.

"스님이 생각하기에는, 이 마을을 다스리는 사람으로 내가 최고로 삼아야 하는 것이 무엇이오?"라고 물으니 스님이 대답하길 "나쁜 일을 하지 않고 착한 일을 베푸시면 됩니다"라고 하자 "그건 다 아는 사실이오. 고작 내개 해줄 말이 그것이오?"라고 하면서 거만하게 일어섰다. 그러자 스승은 차나 한 잔 하고 가라며 붙잡는다. 그런데 스님은 맹서성의 찻잔에 찻물이 넘치는데도 계속 따른다. 그러자 맹사성은 "이게 무슨 짓이오?"라고 소리치자 스님은 말했다. "찻물이 넘쳐 방바닥을 적시는 것은 알고, 지식이 넘쳐 인품을 망치는 것을 어찌 모르십니까?" 황급히 나가던 맹사성이 문틀에 머리를 부딪치자 스님이 말하기를 "고개를 숙이면 부딪치는 법이 없다"고 했다. 나를 낮추면 어렵지 않게 해결될 것이다.

40. 강한 행동은 실천 요인의 1차 관문이다

우리가 초등학교 시절 때 선생님께서 시험지에 채점을 해 주실 때 답이 맞으면 빨간 색연필로 크게 동그라미를 그리고 틀린 답은 일자의 사선으로 쭉 그은 후에 결과를 오른편 위에 점수를 매겼다. 잘 맞으면 시험지를 들고 집에 와서 이 방, 저 방 다니면서 자랑을 하곤 했다. 시험을 못 봐 점수가 낮으면 선생님의 일방적인 채벌로 교실청소를 하기도 했다. 때로는 복도에 무릎을 꿇고 양손을 올려 벌을 서기도 하고, 팔이 아파 손과 손을 잡고 있다 견디다 못해 선생님이 안 보면 손을 내리기도 했던 시절이 있었다.

이렇게 다양한 행동과 태도로 초등학교를 보낸 시기였다. 점수화는 사회의 연장선이다. 지금 사회로 나와 직장에 다녀 보니 점수화의 연장선이 되어 있는 것이다. 작게는 지수인 숫자와의 생활이 일부가 되고 있으며, 보고서의 절반 내외로 숫자의 많고, 적고, 크고 작은 수에 따라 분석 및 대책으로 이어지고 있다. 숫자가 탈바꿈에서 개인으로 성향을 바꾸면 개인평가가 되고 부서에서 점수가 지수화로 되면 부서평가와 회사의 평가가 된다.

우리는 자신이 평가로 인한 지수관계에서 사회의 구성원에서 회사 내의 조직원으로 하나의 실천장소로 옮겨지는 계기가 되고 마는 과정의 연속이다. 이 지수로 인해 내가 해야 할 일을 찾고, 목표를 찾고, 목표에 대한 구체적인 사항들이 행동으로 옮겨질 때 행동지수가 된다. 행동지수나 실천지수는 인간의 움직임에 대한 행동이나 실천을 지수화하는 것이다.

실천지수나 행동지수는 생소한 지수의 표현이다. 인적 오류나 인간의 실수가 전제되는 조건이라면 그저 방관만 해서는 안 되는 것이다. 오늘 현대인의 여러 가지 사회여건으로 볼 때 인적 오류에 대한 반작용효과가 크게 작용하는 것을 간과해서는 안 된다.

인적 오류는 사회여건에서 발전과 진보의 두 마리 토끼를 잡아야 하는 사항이다. 기업 측면에서는 도전과 혁신으로 오류를 없애기 위한 실천의 아이템과 행동의 실효성의 극대화가 필요하다.

또한 오류에 대한 가치추구의 지수의 향상은 늘 미래적인 도전이 되어야 한다.

일 잘하는 회사원들은 잘한 성과지수를 높이고 혁신적으로 운영 관리를 해서 발전해야 한다. 비약적인 발전을 위한 패턴 곡선은 브이형 곡선이나 유곡선을 보여 개선된 지수를 유지해야 한다. 그중 제일 먼저 보일 것이 행동이다.

성취인의 행동특성을 보면 정신적인 것과 육체적인 것으로 쉽게 구별된다. 정신은 의지의 부분이고 육체는 행동의 부분으로 나누어진다. 정신은 보이지 않는 부분이고 육체는 보이는 부분이다. 양면성의 문제는 안과 밖이고 겉과 속이고 외면과 내면으로 보이는 것과 같은 것이다. 의지와 행동이 바른 균형을 갖지 않으면 아무리 한쪽이 높다고 한들 효과가 없다는 것을 알 수가 있다. 성취인의 행동특성을 사례로 살펴보자. 예를 들어 의지가 0.1이고 행동이 0.9라고 했을 때 결과의 특성은 0.09이다. 의지(0.1)×행동(0.9)＝성취인의 행동특성(0. 09)의 결과를 가져온다.

의지(0.9)×행동(0.1)＝성취인의 행동특성(0.09)으로 동일한 결과가 나타난다. 이와 반대로 의지와 행동이 한쪽에 편중되지 않고 양면의 성과를 나타낸다고 보면 결과는 전자의 양쪽보다 훨씬 높은 성취인의 행동특성 결과를 가져온다.

의지(0.45)×행동(0.45)＝성취인의 행동특성(0.2025)의 결과가 나타난다. 두 가지 의미는 체크(Check)와 균형(Balance)이 조화되는 것이며, 발전과 최적조건은 선택과 집중으로 표현되는 것을 의미한다.

변화 관리 전문가인 팻 맥라건이 쓴『바보들은 항상 결심만 한다』라는 저서에서 보면 강한 행동을 하려면 네 가지를 하라고 제시하고 있다. "하나는 자신을 하나의 기업이라고 생각하는 것과 둘은 정보화, 셋은 인적 자원, 넷은 변화과정을 책임져라"라고 강조하고 있다. 강한 행동을 하기 위한 조건들을 요약해 보면 자기 구축에 관한 것이 우선시되어야 한다는 것이다.

우선되어야 한다는 것은 중요성과 가치성 또는 시급성 등으로 조건들이 다뤄져야 한다. 관리를 위한 조건은 인프라 조건과 퓨전이 되어 구축하기 위한 정보, 인적 자원, 시간의 변화과정에 통합되어야 할 책임 관리로 같이 성장되고 수행되어야 한다.

강한 행동은 자기의 의지와 의식이 병행된 목적과 행동에서 실행력으로 실천지수를 높이면 될 것이다. 실천지수는 행동이나 행함(Doing)이 결과물로 나타내는 핵심어이기도 하며 어떻게 운영 관리되어야 하는지를 제시한다. 한마디로 말하면 '내 자신에 캘린더를 가져라'고 강조하고 싶다. 즉, 실천지수를 놓고 자신과 일정과의 함수관계를 가져야 된다는 것이다. Y＝f(x, y)로 놓고 함수관계가 형성됨을 알 수 있다.

일반적인 달력은 일력이 모여 주력이 되고 주력이 모여, 월력이 되고, 합하여져서 연력이 이루어진다. 일년지계제어춘(一年之計在於春: 일 년의 계획은 봄에 세우고), 일일지계재어신(一日之計在於晨: 하루의 계획은 새벽에 세운다) 등은 그 예(例)이다.

내 자신의 캘린더에 룰과 시간과 실천이라는 소스를 넣어 융화해 보면, 타율이 아닌 자율로 기본틀에서 운영된다. 룰에는 일에 대한 룰, 계획에 대한 룰, 인적인 룰이 톱니바퀴처럼 돌아가고 있다. 말은 성과를 가시화하고 시간관리 중심으로 룰이 톱니바퀴처럼 돌아가듯 한다. 말은 로스를 없애고, 사람 중심의 구성 요건으로 진행되어야 한다. 적응은 실천지수와 행동지수의 중요한 요인이다.

'기업은 강한 자가 남는 것이 아니라, 남는 자가 강한 자'라고 한다. 적응해서 조직력에 같이 운영되어야 한다. 행동은 지금 가시적으로 당장의 결과를 볼 수 있다. 룰과 시간에 적응되는 가운데 실천지수를 가져오는 것이다. 의지는 보이지 않는 활성재 같아서 목표는 명확하게 점화되어야 한다. 의지는 행동이 수반되는 보완재 역할이고, 정신적 지주로서 진가를 발휘해야 한다.

제5장

혁신원칙

제9절 기존의 틀에서 벗어나야 새로운 가치가 보인다

41. 지표에 대한 생각을 몸에 배이게 하라(숫자 개념이 달라진다)

태드 A. 개버린의 『인격의 힘』이란 저서에 보면 인격의 가치 중에 3번째로 주장하고 것이 지표이다. 지표의 필요성을 다양성 관점으로 보면 의외로 관리해야 할 부분들이 많음을 알 수 있다.

지표관리에 가장 역점을 두는 것은 시간이다. 시간을 과거, 현재, 미래로 분류하면, 지표성향이 시간시간 다르게 변할 수 있다. 지표의 목적이 예측이고, 트렌드 읽기이다. 그중에 가장 측정하기 어려운 부분이 미래인 것이다. 미래를 현실에서 가장 근접치로 세분화해 보자. "우리는 과연 어떻게 일을 하고 있는 것일까"라고 의문을 가져 보자.

일에 대한 완벽을 추구하다 보면 노하우(Knowhow)에 대한 비중을 두고 있지만 원인에 대한 사항으로는 노우와이(Know-why)의 행동이 행복을 가져오는 절차이다. 각 개인의 수많은 의식과 지표는 금융계나 무역업계에서 다루는 숫자보다 안전이나 리스크 예방에 대해 지표가 더 심도 있게 관리되어야 한다. 일을 지표라는 수치로 표현할 수 있는 것일까? 지표 정도의 수준을 얘기한다는 것은 과거의 주먹구구식에서 탈피해 지표나 숫자의 개념으로, 즉 정략적인 방법으로 가야 한다. 문제해결

원칙을 가지고, 체계적으로 운영 및 개선될 수 있다는 의지가 필요하다. 지표에 대한 발굴과 지표의 관리지수를 정하는 것은 쉬운 것이 아니다.

그러면 현재 우리의 수준의 점수는 몇 점일까? '누구나, 무엇이든'라고 반문할 수 있다. 각자의 수준은 여러 가지 관점으로 분류되기도 하고, 상당한 차이를 가져올 수 있다. 인격으로 보지 말고, 일로 보아야 한다. 자기 자신을 지표로 만든다고 할 때 그 잣대의 항목을 무엇으로 정할 것인가? 혹은 내 자신이 어느 정도의 지표를 정하는 데 잣대 역할을 할 것인가? 우리는 과연 효율적으로 일하는 것일까?

어떻게 하면 현재 상태에서 더 나아질 수 있을까?

"제대로 된 지표를 채택하면 현재 우리가 하고 있는 일의 상태를 보다 정확히 판단할 수 있을 것이다"라고 말할 수 있다.

우리는 중요한 부분이 지표라는 것을 알면서도 소홀히 하거나, 관리 부재로 그냥 지나치는 경우가 많다.

올바른 지표는 매우 중요하다. 특히 산업 안전의 지표란 여러 가지 지표가 될 수 있다. 인적사고, 사람과 관련된 5대 재해인 협착, 전도, 추락, 감전, 질식과 물적 사고, 인적 사고(사망률, 재해율, 천인율, 도수율, 강도율)5)와 불합리 건수 등은 지속적 관리의 대상이기도 하며, 핵심대상이다.

환경안전을 하는 조직의 일원으로 볼 때 지표는 개인 스스로를 평가하는 업무흐름과 진행의 기준이 된다. 올바른 지표를 세우면 우리가 가야 할 방향을 알 수가 있고, 일에 대한 목표달성이 수월해질 수 있기 때문이다. 소홀히 하면 재발되고, 진행에 차질을 가져오고 재발에 삼발, 사발, 오발의 결과를 초래할 수 있기 때문이다.

---

5) 사망률= 사망자 수/근로자의 수×100
   재해율= 재해자 수/근로자 수×100
   천인율= 재해자 수/근로자 수×1,000
   도수율= 재해자 수/연 근로자 시간 수×1,000,000
   강도율= 총 근로 손실일수/연 근로자 수×1,000

지표를 잘 관리하기 위해서는 몇 가지 기준을 준수해야 한다. 기준은 자기중심의 주관적 지표와 타 중심의 객관적 지표로 정립되어야 한다. 주관적 지표는 일을 추진함에 있어 가치에 대한 공감대를 가지고 있어야 하며, 룰과 책임이 수반되어야 한다. 기본에는 자기중심의 생각과 행동의 흐름이 주관이 되어 끌고 갈 수 있는 흡인력과 통찰력이 전제되어야 한다. 조직원 스스로가 보고 느끼게 되므로 일에 자긍심을 심도록 환경을 만드는 주인공이 되는 것이다.

객관적 지표는 각자의 일에 성과 중심의 목표를 가시적으로 볼 수 있어야 하고, 흐름에 대한 시시각각의 분석형태가 다각도를 가지고 운영되어야 한다. 겉으로 느끼는 지표일 수도 있고, 제3자가 느끼는 객관적인 지표일 수도 있다.

인적 오류에 있어서도 중요 인자에 대하여 지표를 정해서 어떤 지표형태로 움직이는지를 관찰해야 한다. 일의 방향과 일의 수준을 조율해서 지표를 보고, 판단하는 계기가 되어야 한다. 중요 인자들에 대하여 인적 오류들은 각 개별 문제점을 개선한다. 결과적으로 지표는 일에 대하여 거울 같은 역할을 해야 올바른 잣대가 된다.

결국 지표는 트렌드를 관리함으로써 기울기와 절편의 흐름을 가시적으로 인식, 인지를 하게 된다. 가상(假象)이 아닌 진상(眞相)의 지표라면 개인에서부터 팀 전체의 공감과 동감을 갖게 하는 좋은 결과의 관리 잣대가 된다.

42. 혁신의 주체는 사람이고 조직원이다

혁신이란 용어는 15세기에 처음 등장하였는데, 원래 용어는 라틴어 노부스(novus: newness)라는 의미로 유래되었다. 보통 혁신의 정의를 "기존의 상식을 부정하고 독창적이며, 경제적인 가치가 있는 새로운 제품, 서비스, 프로세스를 창출하는 활동이다"라고 정의한다. 혁신에 대한 정의와 적응 사례를 보자.

<혁신에 대한 정의와 혁신의 적응 사례>

· 『도요타 최강경영』을 저술한 분으로 시바타(Shibata)와 가네다(Kaneda)는 혁신을 "지금까지의 상식을 부정하고, 새로운 시스템을 구축해 가는 활동"이라고 정의하였다.
· 피터 드러커(Peter Drucker)는 "혁신은 이미 일어난 변화(인구통계, 가치관, 기술, 과학)를 체계적으로 확인하고, 그것을 기회로 인식하는 것"이라고 했으며 "보다 구체적으로 혁신은 과거에 의존하는 것이 아니라, 과거를 폐기하는 것이다"라고 정의했다.
· 사피노(Shapiro)는 "혁신을 기업에게 월등한 가치를 주는 기업의 핵심역량"이라고 정의했다. 여기서의 가치는 성장과 수익성을 말하고 있다.
· 고이즈미 일본 내각은 2001년도 6월에 "혁신 없이는 성장이 없다"라고 하여 혁신을 기본방침으로 정하기도 하였다.
· IBM은 2가지 혁신제도를 운영하였는데 'Think Place', 'Innovation Jam'을 운영하였는데, 첫 번째는 인터넷을 통해 혁신 아이디어를 제공하는 제도이며, 두 번째는 그 범위를 넓혀 가족과 더 나아가 고객까지도 참여할 수 있는 아이디어 창출제도이다.

혁신의 중요성은 기업뿐만 아니라 비영리 단체에서도 수용하고 있으며, 살아남기 위한 방법과 수단과 시스템과 운영의 생존전략이다. 혁신은 일관성 있고 지속적으로 강력한 조직을 갖춰 점진적이고 단계적으로 인내력과 기득권의 사상의 변화에 모멘트를 갖게 하는 핵심작용이다. 혁신의 주체는 사람이고, 조직원과 구성원들은 과거 가지고 있던 생각, 태도, 의식에서 완전한 탈바꿈으로 사고의 변환과 탈피를 하여야 한다.

미국 게리 해멀 교수는 "혁신 중에 맨 위에 있는 것이 사람을 다루는 혁신이고, 가장 중요하다"고 했다. "운영 혁신을 바닥에 두고 그 위에 제품혁신, 그 위에 비즈니스 혁신이고, 그 위에 업계구조 혁신이고 그 위에가 관리혁신이라고 한 것도 사람 중심의 전제를 둔 것과 같은 맥락이다"라고 했다.

혁신이 성공하려면 조직의 리더가 바뀌든, 경영자의 방침이 바뀌든, 비전과 미션이 바뀌든, 어느 박자에 시발점이 되어 엇박자가 되지 않고 한 박자로, 한 방향으로, 한 목표로 가야 하는 것이다. 방향이 일치하기 위해서는 구성원 간 차이(Gap)를 줄일 수 있는 유일한 방법을 찾는 것이 그 무엇보다 중요하다.

그 방법을 찾기 위해서는 공감대 형성과 의사소통과 정보 공유와 구성원들이 가지고 있는 새로운 생각과 가치와 사고와 행동과 프로세스를 다양하게 창출하는 것이다. 변화의 사람은 세상의 시간 속에 급속하게 적응한다. 그래서 변화의 중심에 서기도 자청해야 하고 스스로 도태하지 않고 살아남기 위하여 변해야 한다는 것이다.

개선의 차원뿐만 아니라 일부분만 변하면 반쪽짜리 혁신이고, 180도 정반대 관점으로 변해야 완전혁신인 것이다. 완벽한 새로운 관점은 창조라고 정의를 내리고자 한다. 혁신은 스스로의 사고할 수 있는 능력 안에 창조되는 것이다.

산업현장에 인적 오류의 사건과 사고도 혁신이 필요하다. 인적 오류의 세부요인에 대하여 요인분석이 선행되어야 한다. 아무리 현장의 문제가 원인 및 대책을 세웠다 해도 허점과 과거의 그릇된 습관을 벗어 던지지 않으면 변화의 시발점에 설 수가 없다.

혁신은 하루아침에 이루어지지 않는다. 거듭된 실패에서 사람의 중요성을 알고 사람 중심의 혁신에서 선시행이 되어야 한다.

사람 중심의 혁신이 시발점이 되어 조직원으로 확산되어 점점 분위기와 의식을 채우는 문화로 발전되면 첫 단계는 성공이다. 단순성과 일시성에 빠지지 말고 장기적이고 지속적인 흐름의 주체인 사람과 조직원 중심으로 된 사람에 맞춰 보자. 생각에 맞춰 보고, 행동에 맞춰 보고, 환경에 맞춰 보자. 맞춰 보는 순간에 서로의 성공의 시발점에 대한 시작요인이 꿈틀되는 계기가 됨을 인식하자.

43. 실행(Doing)을 어떻게 해야 성공하나?

사람에게 있어서 진정한 욕망(Needs)은 실행(Doing)을 하는 힘의 세기이며, 가장 강력하여야 하고, 끊임없이 방향을 가지고 있어야 한다. 지속적인 동기가 있어야 하며, 유별나게 적극적이고 행동의 결과를 이루거나 영향을 미쳐야 한다. 그만큼 사람의 마음속에 강렬한 욕구가 있어야만이 이루어진다고 본다. 지극히 염원하면 꿈이 현실화되는 것도 여러 속에서 이루어지고 있음을 알 수가 있다.

15세에서 25세까지의 나이를 황금나이(golden age)라고 표현하는 이유도 여기 있는 것이다. 인생에 황금나이는 실행 자체인 것이다. 약한 실행이 아닌 태양별처럼 강렬한 실행력을 말한다.

기업에서도 실행력은 그 어느 가치보다 중요하게 생각한다. 혁신에 성공하기 위한 단계도 좋은 인프라와 창의적인 조직과 환경이 되어 있더라도 혁신으로 곧바로 목적을 이루어지는 것은 아니다. 혁신을 성공하기 위한 단계도 좋은 인프라와 창의적인 조직과 환경이 되어 있더라도 혁신해서 곧바로 목적을 이루어지는 것은 아니다.

기업의 책임자는 새로운 질서를 만들기 위해 과거의 제도와 질서를 파기하는 카오스 메이커(Chaos Maker)가 되어야 한다. 우리가 잘 알고 있는 토인비는 『역사의 연구』의 책을 내면서 "문명의 탈바꿈은 가혹한 환경이 있어야 한다"고 했다. 집필하면서 일생의 연구과제인 도전과 응

징에 매달리면서 첫 권을 낸 후 1957년 10권을 마칠 때까지 20년 동안 26개의 문명권이 등장하고 쇠락하는 과정을 추적하기도 했다.

실행(Doing)을 어떻게 해야 성공하는가? 이 말은 실행을 해서 목적과 목표를 어떻게 달성하는지와 역설적으로는 성공하기 위해서는 어떻게 실행을 해야 하는가이다. 실행의 성공은 어떻게 해야 장애물 없이 진행할 수 있는가? 주체는 실행(doing)이기에 실행의 객체인 방법과 도구를 가지고 성공을 할 수 있는지와 장애물 없이 목표에 달성하기 위한 것이다. 실행은 사람에 따라 실행을 몇 단계 조금 앞당기거나 늦추는 경우가 있을 수 있다. 그러나 정작 중요한 것은 어떻게, 누가, 무엇을 가지고 하느냐인 주체와 객체인 것이다.

실행을 성공하게 하기 위한 첫 단계는 무엇일까? 세 가지 요인은 목적과 목표와 욕망(Needs)이다. 우리는 충분하게 검토하고 생각해 보자.

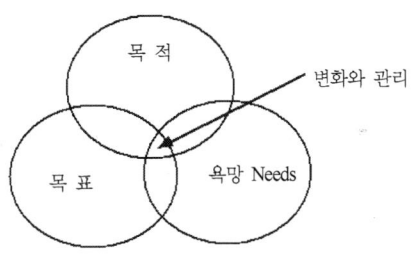

〈성공의 1단계 조건〉

첫 번째, 목적을 명확히 하고, 이들 모두가 공유되어야 한다. 기업입장에서 목적은 이익이고 기업을 승계하기 위한 요인이다. 큰 목적이고, 필수조건이다. 두 번째는 목표를 확연하게 설정해야 한다. 실행하기 위한 필수조건은 함께 뛰어가야 하며, 한 방향으로, 같이 풀어야 하는 과제인 것이다. 세 번째는 욕망(Needs)이며 더 속도를 가하면 열정이다. 작게는 개인과 더 나아가 조직은 보이지 않은 성공의 기반요소이다.

실행을 Doing이라 표현했지만 앤서니 라빈스의『네 안에 잠든 거인을 깨워라』에서는 실행이란 표현을 결단이라고 서술하고 있다. 결단은 행동을 하기 위해 내는 힘이라고 얘기하고 있다.

결단은 자기 자신에게 새로운 변화의 시작이라고 본다. 진정한 결단은 결과를 성취하기로 약속하고, 다른 것을 선택할 가능성을 잘라 버린다는 뜻이다. 결단은 전제조건을 주고 갖추어져야 하는 만족조건이다. 진정한 가치를 위해 행동하는 것과는 정신적인 조건이다. 목적을 달성하기 위해 냉혹하게 행동의 실천까지 옮기는 과정으로 크게 좌우하는 결단의 요인은 3가지로 제시한다.

1) 초점은 어디에 맞출 것인가에 대한 결단
2) 그것이 나에게 무엇을 의미하는지에 대한 결단
3) 원하는 결과를 창조하기 위해 무엇을 할 것인지에 대한 결단

결국 내가 무엇을 가지고, 창출의 결과물을 얻기 위한 결단은 나 자신을 처음으로 이니셜라이징하는 컨디션이다. 실행의 초기단계가 결단인지, 결단의 초기단계가 실행인지는 내 자신이 초점과 결과를 위한 명확한 방향이 전제되면 형과 아우의 순서가 아닌 보이지 않는 선의의 발돋움이다.

44. 조직의 위험요소를 급반전시켜라. 그 어떤 것보다 우선이다

누구나 조직 간에 동고동락하는 일로 삶의 시간을 갖는다. 나누고, 함께하며, 고민을 같이하는 것이 조직의 보이지 않은 정신적인 큰 위로이자,

격려이다. 문제가 발생되면 조직의 반응으로 간접적인 응집력을 볼 수 있다. 산업현장의 내외에서는 문제해결을 위해 시간과 사람과 공정과 수율과 안전과 품질과 보안과 영업과 기획과 자재부서들이 분주하게 총 없는 전쟁을 치르고 있다.

조직은 여러 목적과 특수목적의 전제 조건을 두고 모이게 되는 집단 분류체이기도 하다. 세 가지로 조직을 분류해 볼 수 있다.

첫 번째, 무조건적인 조직이란 가족의 조직을 얘기한 것이고, 두 번째, 조건적인 조직이란 배움의 조직으로 학교와 기타 학원에서 진리와 지식을 위한 목적으로 여러 배움터의 무리들과 조직을 얘기하는 것이다. 세 번째는 영리목적 조직으로 많은 사람이 이익을 전제로 하는 회사의 조직을 말하는 것이다. 크게는 대규모 조직인 글로벌 대규모의 회사에서부터 작게는 영세업체 혹은 창업하는 소규모의 업체를 말하는 것이다.

모든 조직 속에서도 늘 가지고 있는 조직의 고유색깔 및 비전이 있다. 분위기는 조직의 소스이자 양념으로 보이는 것과 보이지 않는 것으로 볼 수 있다. 그 속에 연관시켜 보면 연속성, 지속성, 긴밀성, 유연성, 미래성, 인간관계, 성과성, 투자성, 생산성, 발전성 등이 존재한다. 요인 가운데 조직에서의 필수불가결한 수반 사항이다. 당신이 조직의 올바른 방향으로 에러를 줄이기 위해서는 잊어서는 안 되는 것이 있다.

그중에서도 간과해서는 안 되는 조직의 위험요소를 3대 원칙으로 정해 본다. 3대 원칙은 과거의 적신호, 현재의 적신호, 미래의 적신호로 분류하고 각각의 적신호에 5개의 항목을 정리해 본다.

적신호란 의미를 부여한 것은 교통신호에서도 적신호는 위험의 시각적인 표식인 것이다. 산업현장에서 위험설비도 알람의 빨간색은 설비 이상을 나타내는 것으로 신속한 조치를 요구하는 알람 기능을 표식하고 있는 것이라 생각하면 된다.

> **<과거의 적신호: 놓치지 마라>**
>
> · 언어, 태도, 시간, 열정, 성과, 납기에 대한 분위기가 바뀐다.
> · 위, 중간, 아래 조직으로부터 핑계가 늘어난다.
> · 과거 운운하며 고정관념과 과거타성에 젖어 간다.
> · 관련 부서 간 혹은 파트너십을 가진 부서 간에 견제와 균형이 없어지기 시작한다.
> · 새롭고, 가치 있고, 변화와 창조는 내 일(my job)이 아니라고 생각한다.

과거의 적신호를 1단계라 하자. 1단계는 가시적인 부분으로 과거부터 만연되어 온 것을 묵시하거나, 무시하거나, 소홀히 했던 부분일 수 있다. 처음부터 대책 및 반전을 시키지 않으면 문제는 보이지 않는 곳에서 나타난다. 당신은 모를 수 있지만 보이지 않는 중요한 요소들로 좀을 먹게 되는 요소가 되는 것이다.

절대 실수는 한 번의 실패와 실수로 되돌릴 수 없는 것도 있다. 일부 기업에서는 실패학이라 하여 실패의 경험을 큰 자산으로 두려움, 공포, 재발에 대한 가치를 부여해야 한다. 한 걸음의 후퇴는 두 걸음의 전진을 가져오는 것이 있다. 일반적인 실수는 한 번 실수로 다시 시행 시 예방할 수 있는 것으로 보완해서 하면 된다.

돌이킬 수 없는 것, 인간의 힘으로 할 수 없는 것, 신(神)만이 할 수 있는 것과 자연귀의를 제외하면 다할 수 있는 것이다.

2단계는 현재 적신호로 육체적인 부분과 정신적인 부분이 병행하는 부분이다.

> **<현재 적신호: 잡아라>**
>
> · 일반적인 것들이 자주 돌아가지 않는다(운영, 프로세스).
> · 기본적인 것(일, 업무)들에 충실하지 않는다.
> · 미래를 보지 않고 작은 것과 당장의 문제만 골몰한다.
> · 지난 것과 이론적인 것과 경험상으로만, 일 처리를 하려고 한다.
> · 과거의 재발이 지속적으로 발생되고 있다.

현재의 적신호는 기본적인 일이 자주 펑크가 나고, 이로 인해 현장에서의 볼멘소리가 들려온다면 잡음이 아니라 신호이다.

실제 소리이고 우리가 들어야 하는 현장의 소리인 것이다. 환경적인 일도 공유가 안 되어 계속 앵무새 같은 소리를 반복하게 된다면, 문제의 진행이 원활하게 안 된다는 것이다. 문제의 원인을 찾으려고 한다면 기본적인 것에서부터 다시 체크해야 된다.

조직 간에 고민과 골칫거리를 방치하고 풀지 않는다. 타 부서 간에 머리를 맞대고 해결하지 않고, 자기 부서의 고집만 부리는 일에 머리를 맞대고 해결하지 않고, 자기 부서의 고집만 부리는 일이 잦아지게 된다. 간단한 문제조차 의견이 상충되고, 대립이 되어 실타래의 실이 꼬여 점점 풀어지기 어려운 환경으로 빠지게 되어 난제에 부딪치게 된다. 하나이든, 두 개이든 간에 문제가 복합하게 제기되면 현재의 적신호로 간주하면 된다. 계획 없이 일 처리가 되고 임기응변의 일 처리가 많아지게 된다. 조직이 잘 움직인다고 착각하지 말아야 한다. 조직의 위험신호가 간과되는 중간신호이다.

<미래 적신호: 직시하라>

- 전략을 세우지 않는다.
- 프로세스를 세우려고 하지 않는다.
- 관계부서 간 상생(win-win)을 태만하게 한다.
- 조직과 일 가치가 미정립되고 역할과 책임이 명확하지 않다.
- 경쟁상대에 대하여 무지하고 자신의 현 위치를 알지 못한다.

3단계인 미래의 적신호는 이에 대한 대응으로 무반응과 무계획과 무경쟁이 되는 상황이다. 마지막으로 미래의 적신호를 무방비해서 사고나

문제가 재발되면 산업현장에서는 로스와 많은 시간과 인력과 일의 대응에 대한 일의 지연과 역할과 책임이 혼선되어 신속하고 정확하게 대응하지 못함을 직시해야 한다.

결국 과거, 현재, 미래의 위험신호는 조직에 대하여 얼마만큼의 조직의 마음을 진정으로 다스리고, 추스르고, 나누고, 함께하느냐의 감성과 사전 선행단계와 리스크 예방이 관건이다.

적정한 일에 대한 조율과 분명한 업무의 분장과 룰을 가지고 균등하게 유지하면 현재의 적신호는 푸른 신호등으로 밝혀질 것이다. 미래에 대한 공감대 형성을 가지고 서로 간에 책임감을 줘서 일심동체라는 동기부여를 가지게 하자. 그러면 미래에 대한 문젯거리도 하나씩 해결의 씨를 보이는 기반의 틀이 된 것이다.

45. 혁신의 혁신으로 기존 틀을 없애고, 거듭나기 위한 생각의 360°가 되어야 한다

서울대학교 송병락 교수의 전략강의를 책으로 낸 제목 『싸우고 지는 사람, 싸우지 않고 이기는 사람』의 서두 중에 이런 얘기가 있다. 사무라이와의 대결 중에 먼저 이길 수 있는 방법은 전투적·전술적·전략적 의사결정이라는 3가지가 있다고 한다. 그중에 먼저 칼을 사용하여 성심성의껏 싸워 이겨야 한다고 생각하는 것은 '전투적 의사결정'이고, 두 번째는 싸우기 전에 사무라이에게 미인계(美人計) 등으로 적의 힘을 약화시킬 수 있는 방법을 사용하여 이기려고 하는 것은 '전술적 의사결정'이라고 한다. 마지막으로 사무라이가 사용할 수 없는 기관총이나 자동권총 등 신무기를 사용하여 맞대결을 하지 않고도 승리할 수 있는 있는 방법을 찾아내는 것은 '전략적 의사결정'이라고 서술하고 있다.

전략의 핵심은 경쟁자와 다른 방법으로 싸우는 것이라고 정의를 내리고 있다. 어느 기업에서는 조직원들의 인식전환을 추구하기 위한 방법으로 문서 중에 모토로 i는 개선(Improvement)의 이니셜로 사용하고 있으며, I는 혁신(Innovation)의 의미로, C는 창조(Creativity)를 의미하고, 구성원들의 의식 차원에서 활용하도록 하고 있다.

바꾸어 말하면 개선은 현재의 불합리한 문제점을 고치고, 잠재적인 문제점에 대한 사소한 부분까지 복원을 하는 것을 말한다. 혁신은 기존에 가지고 있는 사고의 방법을 완전 탈피해 바꾸는 것이고, 문제를 접한 인식과 사고전환 방식을 바꾸는 것을 말한다.

혁신관점에서 보면 현장 내 설비의 인간오류를 볼 때 시각적인 착시 및 오류가 생길 수 있는 스위치가 있다고 하자. 안전표식 관리를 완전하게 해야 예방할 수 있다. 그러나 혁신의 방법이라면 스위치를 누르기 전에 사전 알람기능을 청각으로 줘서 알게끔 하는 것이다. 창조는 현재의 틀을 없애고 새로운 방법을 찾는 것이고, 기존의 틀을 완전히 깨는 다각적인 변형인 것이다.

혁신은 실제적으로 내용을 가지고 분석을 하거나 유추해서 세 가지로 분류한다. 형식적인 혁신, 실질적인 혁신, 완전한 혁신으로 세분화한다. 세 가지의 혁신에 대한 것을 얘기로 풀어 보자.

형식적인 혁신은 의견을 모아 즉시 보여 주는 혁신이고, 더불어 단기적 혁신이고 눈에 보이는 것을 즉시 할 수 있는 것이다. 쉽게 결과를 볼 수 있다. 리더가 바뀌면 언제든지 바뀔 수 있는 혁신이다. 앞의 불만 끄는 타입의 1차적인 혁신이다.

실질적인 혁신은 우리가 알고 있는 혁신의 혁신이다. 실질적인 혁신은 현재의 흐름과 결과도 혁신의 카테고리 안에서 움직이고 있다. 그 안에 조직원과 프로젝트는 행동은 미칠지 모르지만 사상이나 철학은 뒷받

침되지 못한다. 성과 중심을 추구하지만 일부의 분위기와 사람만 추구되고 중기적인 성과 위주로만 진행된다. 내용에 대한 다각적인 미래 지향적인 것과 발전적인 부분까지 발전이 체계화되지 못한다.

완전한 혁신은 행동과 사상과 흐름이 360도 바뀌는 것이고, 현재의 180도가 아닌 기존의 틀을 전략적으로 바꾸는 것과 같다.

기업의 사장과 회장도 혁신의 핵심부분이 이 부분이라고 본다. 사무라이를 이기려면 칼로서가 아닌 기관총이나 자동소총으로 싸울 수 있는 상태로 탈바꿈하는 것이다.

인간오류의 혁신은 오류원인에 대한 방법을 찾아내어 대책을 새로운 관점으로 찾아내는 방법도 혁신의 일부분인 것이다. 사례를 들어 보면 미국의 제프리 다이어는 "새로운 비즈니스 모델의 창업가와 혁신적인 상품을 발명하는 인물들에게는 특별한 DNA가 있다"는 연구결과가 있다. 그 결과는 다섯 가지로 정리할 수 있다.

· Associating(연관성): 서로 다른 것을 연관시키거나 짝지어라.
· Questioning(의문성): 질문만 잘해도 성공한다.
· Observing(관찰성): 사소한 현상도 관찰한다.
· Experimenting(실험성): 실패를 거듭해도 실험을 멈추지 않는다.
· Net working(인맥성): 벽을 허물고 다양하게 교류한다.

상기 내용처럼 다섯 가지 혁신의 요인을 Innovator' DNA라 칭하고 있다. 혁신의 시발점은 문제를 문제로 정의하고 기존의 질서를 변화시키기 위해 새로운 틀로 도전해서 아이디어를 용출하는 것이 혁신의 시작이라 생각한다.

제10절 인간오류의 근간은 처음부터 없애라

46. 같이 가는 것은 느리지만 결국은 같이 가야 한다

인적 오류의 분류는 일반적인 학설로 세 가지가 있다. 첫 번째는 심리적 오류에 대한 유형이고, 두 번째는 대뇌 정보처리에 대한 오류이고, 세 번째는 작업 원인에 대한 오류로 나눈다.

안전학자인 스웨인(Swain)은 인적 오류의 유형을 세분화해서 과오의 형태와 그 밖의 심리학적 형태와 원인에 대한 형태와 인간행동의 형태로 나누고 있다.

심리학적 분류는 산업심리, 아동심리, 범죄심리 등으로 여러 분류로 나누어져 있고, 대뇌 정보 처리에 대한 오류는 인지, 판단, 조작 미스로 분류하고, 작업 원인에 대한 오류는 보전과 설치와 제조와 운영 등으로 나눈다.

산업재해에서 인적 오류도 이 범주 안에 발생하고 있다. 인적 오류의 유형을 나누어 보았지만 문제에 대한 원인을 근본적으로 해결하기 위해서는 서로 간에 상생을 위한 동반자적인 생태계 형성이 필요하다. "같이 가는 것은 느리지만 결국은 같이 가야 한다"는 개념으로 문제해결 접근식으로 해야 된다고 본다. "먼 길을 간다고 할 때 빨리 가려면 혼자 가고 오래 가려면 같이 가야 한다"는 격언처럼 말이다. 같이 가는 조건은 인간오류에 대한 예방조건이며, 진취적인 조건이다. 같이 가야 하는 방법은 인간적인 것과 자연적인 것으로 분류할 수 있는데, 결과적으로 인간오류를 예방하고 더 나아가 인류복리 증진을 위해서는 같이 가는 조건이 인간적인 면이 되어야 한다.

인간오류의 원인에 대한 대책 중으로 인간적인 것에는 친구, 애인, 동반자, 선생님, 멘토가 있고, 종교적으로 신부님, 수녀님, 목사님, 전도사님, 스님, 포교승이 있고, 회사 측면에서 상사, 동료, 부하직원, 선배, 후배 등도 있다. 이런 이유는 인간오류의 발생은 인간적인 심리와 정서와 망각과 의사결정의 도움이 되기 위함이다. 시간의 길고 짧은 차이는 있겠지만 목적을 두고 가는 관계인 것이다. 상생이고 협력의 관계라면 분명한 목적은 같은 방향이고 달성하는 것도 같은 생각이면 배가효과가 될 것이다. 상생의 사례를 보자.

- 대기업과 협업하는 협력업체도 같이 가야 한다.
- 야구시합 중 투수와 포수 간에도 같이 가야 한다.
- 고3의 담임선생님과 수험생인 학생들도 같이 가야 한다.
- 프로젝트의 팀장과 팀원들도 행동과 생각이 같이 가야 한다.
- 선장과 선원들도 같은 배에 같이 가야 한다.

결국은 서로의 상생 작전임을 분명히 알아야 한다. 같이 가야 하는 전제는 다른 정치와 경제에서처럼 동일하다. 평화가 공존하고 나라와 나라 간에 세력균형을 이루고, 힘의 균형을 이루는 힘의 모델이 현실성에서는 무시할 수는 없다.

안전 측면에서 관공서, 민간기업, 학교나 연구소에서도 재해예방을 위해 같이 가야 한다. 산업사회의 여러 문제의 인적 오류 및 안전사고 발생으로 인해 위험의 현실성에서 공동 대응함으로 어려움을 극복할 수 있는 것이다. 산업체의 신기술, 타 기업의 적용 사례, 안전 관련 혁신의 기반기술들이 대기업에 비해 중소기업에 조금은 늦게 적용될 수 있다. 아이템에 따라 서로 간의 협력체제와 공동체제로 공유하고, 인지하고, 적용하고, 개선이 함께 되도록 해서 조금은 늦어도 함께 가야 한다.

대기업 중심의 안전체제에서 중소기업까지 함께 인적 오류 예방을 레벨화해서 운영하는 것이 바람직하다. 함께 가기 위한 우리 사회에 공동 참여는 책임감에 따른 기업의 안전이자 혁신의 참여 활동이다.

미국의 우주선 챌린저호도 부품의 오링문제로 인해 실패한 것처럼 우리에게 정보의 공유가 안 됨으로써 문제점과 잘못된 의사결정과 실패의 사례는 재발이 없도록 충분한 검토가 되어야 한다. 인적 오류는 사고(事故) 내 특정부분의 혁신이 일어나도 혁신의 공동체목적과 목표가 있어야 한다는 것과 맥락이 일치한다. 재해가 도사리고 있는 현장에서 이 부분은 피부에 와 닿는 실질적인 현실이다.

산업현장이든, 공장현장이든 간에 현장에서 정착되기 위해서는 관련되는 요인들뿐만 아니라 다른 요인들도 같이 변해야 문제의 실마리를 풀 수 있다. 인적 오류를 가져오는 사고의 요인들에 대하여 관련성과 수용성을 갖지 않는다면 원인에 대한 대책과 관련 요인들 함께 해결책을 가지고 가야만 한다. 그렇다면 실타래를 풀듯 풀리는 것처럼 해결의 실마리를 찾을 것이다.

최근 각광받고 있는 디지털 사진이 기존 사진을 완전히 대체하고, 시장을 장악하기 위해서는 디지털카메라 분야에서만 혁신이 일어나서는 한계가 있다는 것이다. 디지털 사진을 출력할 수 있는 프린트 생산업체, 이미지 편집이나 보관을 위한 소프트 개발업체, 온라인 사진 편집업체, 컴퓨터와 휴대전화 생산업체, 그리고 광대역 통신업체 등이 모두 혁신에 참여자로 동참해야 한다.

소제의 주제처럼 같이 가야 한다는 것은 통합의 개념으로 봐도 일맥상통한다고 본다. 인적 오류의 관리는 분리하지 말고 요인들을 통합해야 한다.

인적 오류 분석 시스템의 툴(Tool)을 1세대, 2세대, 3세대에 거쳐 현재의 4세대까지 진행되어 왔다. 4세대의 정의는 인적 오류 분석 시스템의 다양성에 혁신적인 발전을 해 왔으나 아직도 인적 오류의 발생은 여전히 풀어야 할 과제로 남아 있다.

기존의 '위험관리 1.0'이 전문가가 분야별로 위험을 분석하는 시스템이었다면, '위험관리 2.0'은 분야별 위험은 물론 연관성 위험이 서로 상호작용할 가능성까지 통합 분석하는 시스템이다. '위험관리 2.0'이 필요해진 이유는 위험이 더 이상 한 분야에 머무르지 않고 서로 연결되고 있기 때문이다. '위험관리 3.0'은 사후의 분석보다는 사전예방의 리스크의 위험성을 예방하는 차원에서 발전해야 하는 것이다.

인적 오류의 요인들을 지금부터는 나누어 분석하는 개별적 개념보다 통합적인 개념이 함께 반영되어야 할 시점인 것이다. 인적 오류뿐만 아니라 모든 위험의 리스크의 해결책도 "2~3가지 분야의 통합된 지식을 가지고 있지 않다. 진짜 큰 위험 앞에서 속수무책이 된다"라고 리스크 학자가 말하는 것은 우리가 한 방향(one-way)과 양방향(two-way)인 방향과 해결책을 겸비해야 한다는 것과 다를 바가 없다. 우리의 리스크에 대한 이중 방어장치를 더 강화하는 것만이 리스크를 최소화하는 것이다.

47. 혁신의 필요조건으로 오류가 발생치 않는 성공조건으로 만들자

우리가 보통 살아가는 데는 조건들을 가지고 태어난다. 초등학교 입학의 조건은 나이일 것이고, 입사의 조건은 회사에서 요구하는 기준에 맞는 인재일 것이다. 또 다른 변수도 있을 것이라 본다. 연인의 결혼의 조건은 사랑일 것이다. 물질적인 것이나 환경적인 조건들이 수반될 수 있다. 점점 차원이 높아질수록 요구에 대한 필요조건이 다르거나 복잡성을 다지고 있다.

산업체에서의 안전의 조건은 사고가 없을 것과 사전준비를 위한 철저한 교육과 사전점검과 사전계획이 따르는 것이고 작업계획과 작업표준 등이 준비되어야 하는 조건일 것이다.

상기 사항들이 기본조건이라고 한다면 이 조건을 넘어 필요와 충분조건을 가져야 하는 부분이 있을 것이다. 초등학생의 조건은 나이를 넘어 건강, 환경이겠고, 연인의 경우는 사랑을 넘어 나이, 건강, 종교, 학벌, 국제결혼, 부모의 승낙 등일 것이다. 안전은 관리자를 넘어 전문적인 기술자, 분석기법, 인적 오류에 대한 시스템 적용이 될 것이다.

인적 오류의 조건은 인적의 실수가 없고, 오류가 없는 것이다.

조건의 크기는 환경에 따라 차이는 존재한다. 조건은 노력에 따라 주어지는 행동적인 필요조건이 있겠고, 자연적으로 주어지는 환경적인 필요조건이 있을 것이다. 필요조건이 성공조건을 성취하기 위해서는 많은 시간과 노력과 열정의 함수들이 있어야 한다. 많으면 많을수록 성공조건에 갈 수 있는 접근치, 근사치가 된다.

필요조건은 국가 차원에서, 기업 차원에서, 개인 차원에서, 다른 목적으로 각기 다른 조건을 가지고 있다. 학교에서 학생 입장의 필요조건은 공부와 학교의 생활과 선생님과의 관계와 친구와의 대화, 숙제, 시험, 내신성적 등이 내부조건이다.

직장에서 직장인들의 필요조건은 출세, 성공, 고과 및 평가, 연봉, 상사와 동료와의 인간관계가 있겠다. 업무목표의 달성, 프로젝트 완수, 중요한 수명사항 보고 및 추진, 부서원들 간의 원활한 의사소통과 조직의 화합, 이익과 생산과 품질과 안전과 수율 등으로 목적 달성을 위한 요인들이다.

기본적인 조건에서 필수와 충분조건으로 결국 성공조건은 수많은 조건의 진성과 가성에서 진실과 오류를 가려 가는 과정이 번복된다. 인간 오류를 발생시키는 필수조건들이 사전에 발생요인으로 존재하고 있다.

<인적오류(인간실수)를 발생시키는 잠재원인>

· 실수한다.
· 과거사례를 무시한다.
· 사람을 중히 여기지 않는다.
· 오감(시, 후, 촉, 미, 청)에 대한 대책이 없다.
· 실수의 잠정적인 문제는 가정과 직장과 모든 부분에 상존한다.
· 사소한 문제에서 시작해서 큰 문제를 야기한다.
· 사람의 심리와 감성을 중요치 않게 생각한다.
· 어제도 동일했으니 오늘도 동일할 거라고 생각한다.
· 어제의 최선책이 오늘의 후선책이 됨을 알지 못한다.
· 인간의 행동이 오류 발생의 전체인 것처럼 차선책이 생각지 않는다.
· 사람만 잘하면 된다고 하지만 주변적인 환경이 중요함을 인지하지 못한다.

누구나 필요조건을 가지고 가면서 충분조건이나 성공조건을 이루지 못하는 이유는 제1장(문화)에서, 제2장(태도)에서, 제3장(스트레스)에서, 제4장(인간의 행동)에서 현재의 장(혁신)에서 얘기하고 있는 원칙조건을 만들기 위해 내 자신의 조건으로 흡수하지 못했기 때문이다.

혁신의 성공조건은 현재에서 행동의 틀과 사고(思考)를 부정하고, 파괴하고 새로 접근하는 것이다. 혁신은 창조를 가져오기 위한 태동기의 정신적·육체적 부하이며, 가지고 있는 생각과 변화의 가치를 혁신의 성공조건으로 이루기 위한 방법이다.

<변화와 가치를 이루는 혁신의 성공조건>

· 현재와 지금의 상태를 최저점이라 생각해라.
· 확실한 목표를 구체적으로 작성하고, 움직여라.
· 도전을 가지기 위한 확신과 열정과 끊임없는 신념을 가져라.
· 다시 시작한다는 생각을 가지고 접근해라.
· 전혀 다른 관점에서 생각하고, 도입점을 찾아라.
· 한계라는 것은 끝이 없다고 믿어라.
· 현재의 조건과 환경을 탓하지 마라.
· 노력하면 언제든지 달성할 수 있다는 자부심을 가져라.

지금 제시한 8개의 조건을 보면 어떤가?

혁신의 축은 자기 자신과 시간과 보이지 않는 열정과 신념과 확신과 자부심 등이다. 동일 조건이라면 기업이 성장할 수 있는 조건은 얼마든지 있다고 본다. 성공하기 위한 요인 차원에 다섯 가지를 연결해 보자.

어느 기업이든 마케팅을 위한 전략이 있음에도 성과에 대하여 현격히 부진한 결과가 나타나는 이유는 요인을 찾지 못하는 것이다. 그러나 가까운 부분부터 성공요인을 찾아보자.

<성공을 찾아보기 위한 요인>

· 기존 고객에게 더 많은 상품을 확보한다.
· 새로운 고객을 확보한다.
· 새로운 상품과 서비스를 제공한다.
· 새로운 시장을 개척한다.
· 새로운 발상의 전환을 하도록 아이템을 찾는 시간을 갖는다.

실패하는 원인에 대한 지수로 분석해 보자. 거시적인 분석과 다각도의 분석이 여러 차원에서 필요하다. 예를 들면 농구경기에서 다음과 같은 통계자료를 살펴보면 왜 어떤 팀이 승리하고 다른 팀은 패배하는지 그 원인을 파악할 수 있다.

농구경기에서 패배의 핵심인자를 찾아내고, 분석하고 실행에 대한 우선권을 정하고, 우리 팀이 이기기 위한 단, 중, 장기의 항목을 정해 추진한다. 조치가 된 사항에 대하여 타 경기 때마다 재발이 없도록 코칭을 해서 "성공은 반복의 연습이다"라는 실감을 매번 느끼게 하는 것이다.

벤치마크(bench-mark)를 실시해서 정합성을 가려 보는 방법이면 기존보다 이길 확률이 많아질 것이다. 농구에서의 필요조건을 알면 성공조건이 보인다. 농구선수에게는 필요조건이 승패의 조건임을 명확히 인지하는 것이 최우선이다.

<농구의 성공요인>

· 야투 성공률
· 자유투 성공률
· 실패 수
· 반칙 수
· 공격 점유율

성공의 요인은 실패요인을 많이 가지고 있을수록 실패가 없는 사람보다 덜 실패함으로써 성공의 확신이 더 높아지는 것이다. 경험자산이 몸에 배이게 하고 정신적으로 한층 성공의 가이드를 높게 쌓아서 이길 수 있는 확률을 높이는 것이다.

성공요인에 대하여 목표에 대한 도전지수보다 실패에 대책지수가 우선시되기도 해야 한다. 문제에 대한 원인이 정확히 파악되어야 대책에 대한 답이 정확해지는 것이다. 도전지수와 대책지수에 대한 중요성에 대하여 어느 쪽에 비율은 입장에 따라 달라질 수 있지만 분명한 것은 두 개의 지수가 목표를 달성하기 위한 성취할 수 있도록 성취요인을 찾아 성취지수화하면 확고부동하게 정립될 것이라 믿는다.

48. "물고기는 물을 보지 못한다"를 인식하라

물고기는 물을 보지 못한다. 물고기가 물과의 관계를 고민해 본 적은 없을 것이다. 정말로 중요한 것이고, 필수적인 것이면서도 중요하게 생각지 않는 절대적 자유제 같은 것이 아닐까 하는 생각이 든다. 이들의 관계를 상관관계라고 하면 경제적인 용어로 대체제와 보완제라는 말과 유사한 표현이 아닐까 싶다. 마치 쌀과 보리의 관계인 것처럼 안전에서 직접원인이 인적 사고와 물적 사고로 나눌 수 있는 것과 같다. 인간오류로 불안전한 행동에서 기인되고, 간접원인은 불완전한 행동과 불안전한 상태로 분류하기도 한다.

대체제는 주체 대신 객체로 대신할 수 있는 것이고, 보완제는 "바늘 가는 데 실 간다" 같은 내용이라면 안전과 무재해 같은 것이다.

물과 물고기의 관계를 문제의 해결방법의 하나로 풀어 가는 것도 이상한 것이다. 풀어 보면 물고기의 문제는 물이 아닐 수도 있다. 플랑크톤일 수도 있고, 생태계의 문제가 될 수도 있다. 그러나 물고기는 자신에 생존에 대하여 물의 중요성을 생각하지 못했을 것이라 판단이 든다.

물고기의 문제는 플랑크톤의 먹이사슬과 물고기의 환경이 문제인 것이다. 사람에게도 문제와 일과의 관계를 놓고 시작할 때 일 다음으로 문제를 보는 것과 문제 가운데에 일을 보는 것은 생각과 차원이 다른 것이다. 시행착오하기에는 시간에 변수가 있을 수 있다. 순방향으로 간다면 일 가운데 문제를 보는 것이고, 역방향으로 간다면 문제 가운데 일을 보는 것이다.

순방향은 거시적이고 광의적인 것으로 숲에 비유하면 숲을 보되 나무를 보는 것이다. 즉, 순방향은 일상적이고 통상적인 상태에서의 변화를 주기 위한 것이다. 물과 물고기의 표현 중에 물로 보면 될 것이다. 역방향은 미시적이고 협의적인 것으로 나무를 보면서 숲을 보게 되는 것이다. 역방향은 순방향의 반대의 방향으로 생각과 행동과 환경을 바꾸어 보는 것으로 물과 물고기의 비유에서 물고기의 입장이 되는 것이다.

사람은 자기 합리화가 강한 사람이라면 자기 행동대로, 자기 판단대로, 자기 지식대로 실천하는 부분이 있다. 정신적인 자기 망상증이 아니고, 자기 우월증에 대한 자기 판단의 나르시즘이란 것이다. 자기가 판단하기도 하지만 남이 판단해서 방향을 잡아 줄 수 있다.

어느 산업현장의 점검 및 진단을 가더라도 전기전문가는 전기 부분만, 안전 전문가는 안전 부분만, 설비 전문가는 설비 부분만 보게 된다. 전문적인 측면에서 볼 때는 'T형'으로 깊게 볼 수 있지만, 한편의 단점은 관계성 측면에서 'H형'의 장점인 넓게는 보지 못하는 단점도 있다.

책인지심책기(責人之心責己)라는 격언에서 "남을 꾸짖는 마음으로 나를 꾸짖어라"란 말이 있듯이 남을 꾸짖기만 하는 것은 아닌지, 안전 분야로 전환해서 얘기하자. 안전에도 많은 기준에 대한 다양성의 보완점은 전문가적 시각이 정립되어야 한다.

어느 한 분야에 전문가인데 문제에 대한 다른 분야에서 해결책이 다른 곳에 있을 때 연관성과 상관성을 찾기는 쉽지 않고 부족하고 미흡하다. 지식과 기술과 룰과 기준이 얇은 견문으로 해결하려고 한다면 해결책은 묘연하다. 보완해야 하는 것을 느끼게 되는 관점은 전문가이든, 비전문가든, 미래대응은 단순성에서 복잡성의 성격을 가지고 멀티형으로 준비해야 한다.

전공이든 부전공이든 다양성을 가지라고 주문하고 싶다. 즉 문제의 해결책은 여러 가지 경우를 가지고 있다. 효율을 높이기 위해서는 어느 생산성협회에서는 SADE 원칙을 내놓기도 했다. 그 이론은 일의 진정성이다.

일을 추진하는 데 있어 SADE 의미는 공유와 수용과 실행과 평가란 이니셜을 구성해서 표현한 것이다. 업무나 다른 목표를 달성하기 위한 흐름도나 프로세스의 과정이라 판단된다. 일을 시작할 때, 추진시 첫 번째의 조건이 공유, 수용, 실행, 평가를 일률적으로 거치는 것으로 한 사이클을 구성한다. 생산성 측면에서 비교할 때도 구성원이 생산목표를 명확히 공유하고 목표를 달성한다. 구성원들의 역할을 수용하고 책임을 다해 실행하고 목표에 달성하기 위해 평가를 한다는 관점에서 생각된다.

<효율을 높이기 위한 1사이클>

· 공유의 축: SHARE
· 수용의 축: ACCEPTANCE
· 실행의 축: DOING
· 평가의 축: EVALUATION

눈으로 보는 것과 앞을 가리고 있는 시야의 차이는 분명히 있다. 가령 터널입구와 터널의 출구 사이의 차이에 운전자 입장에서 볼 때 터널에서의 SADE 사례를 들어 표현해 본다. 더 쉽게 이해를 돕기 위한 방법이다.

공유는 터널의 변경점에 대한 시야의 확보이고, 수용은 터널운전 시 방해요소에 대한 인지를 하고 있는지에 대한 판단의 사전 숙지이고, 실행은 안전하게 운전하고 있는지에 행동의 상태이고, 평가는 차후에 터널 사용 시 완전하지 못한 것에 대한 장애요소와 인적 오류와 실수에 대하여 반성을 해 봐야 하는 것으로 비유한다.

심리학으로 유명한 대니얼 길버트(D. Gilbert)인 하버드 교수는 "사람들이 어떤 문제에 위협으로 느낀다면 'P.A.I.N'으로 상징하는 요소가 필요하다. 즉 P.A.I.N은 개인적(Personal)이고, 갑작스러우며(Abrupt), 부도덕하고(Immoral), 당장(Now)이다"라고 한다. 위험이라고 해도 언제 일어날지 모르는 불확실하고 모든 사람에게 해당된다면 내 주변에 일어나는 소소한 위험도 현장의 현상유무에 따라 달라질 것이다.

물고기가 물이 중요한 것임에도 인지를 못 하는 것은 위협요소의 인지를 못 하고 있는 것이다. 인지를 못 하는 것은 불확신한 것을 알지 못하는 것과 일맥상통한다. 현대 사회는 갤브레이스 학자가 '불확실성의 시대'라고 했다. 현대 사회는 불확실성의 시대이고, 마치 알지 못하는 것을 인식하지 못하는 물고기와 같다.

물고기가 물에서 살면서 물을 인지 못하는 것과 같이, 우리도 바쁜 현대 사회에 살면서도 시간을 핑계 삼아, 현재 나에게 중요한 인자가 무엇인지를 한번 생각해 보는 시간을 가져 보자.

결과물과 물고기의 관계처럼 우리의 일상생활 속에서 가장 소중하게 생각하고, 계획하고, 실행하고, 더 나아가 손을 먼저 내밀어서 인지해 보자. 불확실성의 시대에서의 투명하게 하기 위한 확실성은 내 자신과 주변의 위험성을 최대한 줄여 가는 것이 최소한 감소의 기회가 된다.

루이뷔통의 CEO인 이브 카셀은 "21세기의 경영 키워드는 욕망(wants)이다"라고 한다. 물고기의 욕망은 물속에서 숨을 쉬는 어린 마음의 호기심 어린 시적인 표현이 아닌 물속에서 아가미로 숨을 쉬는 생태학적인 의미를 갖게 되어 어부의 마음으로 물고기를 쳐다보는 것이다

49. 일신 우일신(日新 又日新)의 일을 나의 혁신 아이템과 일치시켜라

사서삼경의 『대학(大學)』에서 보면 구일신 일일신 우일신(苟 日新 日日新 又日新: 진실로 하루가 새로워지려면, 나날이 새롭게 하고, 또 날로 새롭게 하라)이란 글귀가 있다. 어려울 때 항상 마음속으로 되뇌는 고사성어이다. 무엇을 어떻게 일신 우일신할 것인가를 자주 고민하게 한다. 그 어떤 것보다 자기 자신의 경쟁력을 높일 수 있는 것이 우선일 것이고, 자기 주변의 환경과 인프라를 위해 직간접으로 실행으로 달성해 가는 것이 관건이다.

새롭게 변하기 위해서는 행동과 생각과 시간과 성과 중심으로 내재하여 현재를 기반으로 한 미래의 준비와 현재의 격상된 축으로 되어야 한다.

모든 기업에서는 경쟁력을 높이기 위해 혁신의 적용 중에는 제품을 포함하여 시간과 속도, 성능, 품질, 납기, 서비스, 상생, 원가 등을 포함시켜 변화를 시도하고 있다. 회사도 생존하기 위해 변화를 시도하고 있다.

개인의 변화인 것도 지미 칼라노의 『20/30 미래를 위해 꼭 해야 할 89가지』 중에 몇 가지를 보면 미래를 위해 자기 자신이 향상되는 방법을 언급하고 있다. 한 우물 파기, 일단 끝내고 생각하기, 자기 자신에게 야단치기, 야망을 널기 알리기, 세계적인 권위자 되기, 두 번, 세 번 보고, 네 번 보기 등이다. 내가 실천하고자 하는 사항이고 항상 나의 마음을 수양케 하는 단어가 되어 버린 깨우침의 단어로 일상화되었다. 변화의 시작은 멀리 있는 것이 아니라 가장 가까운 내 자신부터 할 수 있다는 것이다. 마음은 남이 가지고 있는 것이 아니라 내 자신의 의지에 따라 결정되는 것이 판단된다.

기업 측면에서 피터 드러커의 『혁신과 기업가 정신』에서 혁신 부분으로 12가지의 원칙을 제시하고 있다.

1. 예기치 않은 성공

2. 예기치 않은 실패

3. 예기치 않은 외부 사건

4. 앞뒤가 맞지 않은 경제적 현실

5. 현실과 그에 대한 가정들 간의 불일치

6. 인지된 실제의 고객가치와 기대치 간의 불일치

7. 프로세스의 리듬이나 논리 안에서의 불일치

8. 프로세스 니즈

9. 산업과 시장의 구조

10. 인구통계

11. 인식의 변화

12. 신지식

이들 중 1항에서 6항까지는 잘못될 수도 있는 가정과 가정들에 대해 파악할 수 있는 기회를 제공한다. 그러한 가정들이 더 빨리 노출될수록 그로 인해 관리적 사고의 오류로 나타나며, 예기치 않은 성공은 받아들이기 쉽지 않다. 공유에 대한 일치와 변화에 대한 대응, 기회 창조와 같은 혁신의 부류가 근본적인 일신 우일신의 혁신의 창조로 움직이고 공존에서 상호 효과적인 방향의 동일성을 가져가야 된다.

인적 오류에도 혁신의 일신 우일신의 요인들이 산재되어 있다. 원자력발전소에서도, 선박에서도, 항공사에서도, 철도에서도 인적 오류의 기본적인 공통요인은 크게 벗어나지 않는다.

마치 Nowhere이란 단어는 어디에도 돌파구가 없다는 의미를 가지고 있다. 그런데 스페이스를 띄워야 할 곳에 띄우니 now here라는 의미의 '바로 여기'라는 뜻을 가지게 된다. 우리 인간도 오류를 예방하기 위해

서는 쉴 곳은 쉬어야 한다,

어느 청중이 성악가의 독창회가 끝나고 나서 물어 보았다. 아니 어떻게 잘하실 수가 있느냐고 물어 보니 결국 답은 "쉴 곳에 쉬어야 한다"는 명답을 준 것은 기본에서 시작이 되어야 한다는 것을 느끼게 한다.

공통적인 부분은 한 사람의 오류나 실수로 인해 이해관계가 있다. 가해와 피해와 손해를 수반하기 때문에 방해요인에 대한 분명한 프로세스나 시스템을 구축하지 않으면 안 된다. 더욱 많은 문제제기에 해결책을 가지고 고민하는 상황이 반복되는 경우가 그 사례이다.

50. 자기만의 혁신역량 블랙홀을 만들지 말라

개인뿐만 아니라 기업에서도 미래성장하기 위해서는 어떠한 노력을 해야 하는가는 변화나 혁신이다. 혁신의 혁(革)은 짐승을 잡아 털을 벗겨 햇빛에 말린 짐승가죽의 상형으로 짐승의 가죽이다. 몸통을 제거하고 남은 껍질은 본모양이 아니라는 데서 '바꾸다, 고치다'는 뜻을 내포한다고 한다. 곧 "묵은 관습과 풍습, 조직, 방법, 관행 따위를 완전히 바꾸어 새롭게 하는 일을 이룬다" 하여 혁신이란 말이 유래했다.

혁신은 과거의 틀에서 벗어나 새로운 관점에서 완전한 틀을 바꾸는 획기적인 변화의 틀이다. 과거의 답습에서 완전한 탈피는 사고와 생각과 행동을 개인과 조직이 함께하면 더욱 효과의 배가된다.

혁신은 어느 기업을 막론하고 하면 좋고 못 하면 떨어지는 선택조건이 아닌 필수조건이다. 꼭 해야만 하는 의무이자 반드시 해야만 하는 조건이다. 한다고 해서 혁신이 이루어지고 달성되는 일반적인 개념이 아니다. 일체화되고 하고자 하는 신념이 우선이고 시스템화해서 바꾸어 보는 큰 폭의 변화작용이다.

여기에 수반되는 조건이 핵심역량이다. 핵심역량은 경쟁자가 쉽게 모방할 수 없는 차별화된 기업의 자원 및 역량을 말하는 것이다. 기업의 핵심역량은 지속 가능한 경쟁우위를 창출하기 위해서는 변화하고 적합한 핵심역량을 개발하고 기업의 인프라 조건을 향상시키고 강화시키는 것이다.

기업에서는 핵심역량의 요건이라 하여 VRIO 분석이라 한다. V(Valuable: 경쟁자보다 우월한 방식으로 고객가치를 증진해야 함)와 R(Rare: 희소성이 높아야 함)과 I(Inimitable: 모방이나 대체가 힘들어야 함)와 O(Organization-Specific: 조직 내부에서 발전되어 조직에 체화되어야 함)로 네 가지 요건을 말한다.

핵심역량에도 분명한 것은 블랙홀이 있다. 개인의 블랙홀이슈에서 빼놓을 수 없는 단어가 윤리경영이다. 과거에도 그랬고 현재에도 연일 매스컴에 기업경영자의 비리와 연루된 내용이 보도되고 있다. 윤리경영은 환경조건에 따라 달라질 수 있다. 관점의 차이는 다를지 모르겠으나 기본축은 동일하지 않을까 생각이 든다. 아래 제시한 네 가지 어느 하나라도 마음에 걸리는 것은 윤리경영에 어긋나는 행위나 그릇된 행동이 아닐까 싶다. 개인적인 판단기준으로 정의를 내려서 판단하는 사람의 환경과 방법에 따라 변경될 수 있다. 4개의 연결고리는 법과 준수와 또 하나는 가족과 조직 간의 신뢰가 우선이다.

<그릇된 행위에 대한 인간 윤리의 정도 항목>

· 이것이 합법적인가?
· 내가 하려는 행동에 관한 기사가 신문에 실리면 당황스러워할까?
· 지금 내가 이런 활동에 간여하는 사실이 가족이 알면 나는 당황스러워할까?
· 지금 내가 하려는 행동에 관한 내용이 회사 게시판을 통해 알려지면 나는 당황스러워할까?

자신의 모든 행동이 언제나 누군가의 눈에 띌 수 있고 눈과 말이란 사회적인 견제가 존재한다는 것을 명심해야 한다. 가장 핵심의 여건은 '정도와 합리적 방법의 운영'이다. 항상 시스템과 절차를 만들어야 한다. 다른 기업의 측면에서 보면 기업혁신과 글로벌 전략분야의 석학인 게리 해멀(Gerry Hamel)의 핵심역량이론을 반박하는 이브 도즈(Yves Doz)는 "핵심역량에만 집중하면 망하기 딱 좋은 시대"라고 말하고 있다.

　환경이나 경제적 흐름의 동조에 맞게 박자가 맞아야 한다는 뜻도 내재되어 있다. 핵심역량의 블랙홀이 아닐까 싶다. 부작용의 문제점에 우리 스스로 빠져나오지 못하고 한 울타리에서 허덕이고 있는 것은 아닐까라고 생각한다. 핵심역량의 집중에서 블랙홀은 부작용의 결과이다.

　안전의 블랙홀은 안전에 대한 사고예방 집중의 처리가 아니다.

　전반적인 부분 금속, 기계, 토목, 화공, 선박, 건설 등에만 치중되어 있는 부분이 아니고, 모든 부분의 블랙홀일 수 있는 인적 오류, 인간오류에 대한 블랙홀을 다시 한번 되새겨 볼 수 있어야 한다. 뿐만 아니라 인적 요인이 되는 부분은 국가 차원에서 이루어져서 산업사회에서 안전의 기반조건이 구축되고 조성되어야 한다. 자기만의 목표에 블랙홀을 갖지 않도록 해 보자.

<자기만의 목표에 대한 블랙홀>

- 핵심문제에 대한 명확한 비전 제시를 하면 → 중요한 것 외는 무시당하여서 **결국 편협한 시야의 블랙홀을 만든다.**
- 핵심문제에 대하여 최대한 활용을 하면 → 모든 업무를 핵심 분야의 틀로 분석하면 **핵심 이외 부분은 소홀히 되어 블랙홀이 된다.**
- 지속적인 운영 개선 활동에만 집중하면 → 단기적 내부성과 지향으로 **결국 근시안적 전략을 갖게 되는 블랙홀이 된다.**
- 매우 전문화된 지식으로만 답을 찾는다면 → 매번 동일한 전문가들이 의사결정으로 **혁신가가 아닌 전문가 경영이 되어 블랙홀이 된다.**
- 노련한 리더 정기집권으로 → 미래기획에 **무감각으로 혁신에 대한 무관심의 블랙홀이 된다.**
- 강력한 힘을 가진 리더가 나오면 → 핵심사업부의 **자원을 독식하므로 자원 배분의 블랙홀이 된다.**
- 공/사의 협력사 간에 격이 없으면 → 고객과 파트너 간에 전략적 자율서에 제한되어 대안을 거부하고 **동일사와 일 파트너하고만 일을 하게 되는 블랙홀이 된다.**

참고문헌

제1장

1. 윤용구, 「안전중시 휴먼웨어 시스템의 분석 및 예방모델 개발-반도체산업 중
　심으로-」, 아주대학교 박사학위논문, p.54, 2006.
2. 「안전문화 정착을 위한 학술토론회 결과 보고서」, 한국산업안전공단, 2005.
3. 김왕배·서남규, 『2006년 연구 보고서』, 「외국계 기업과 국내 기업의 안전문화
　비교연구」, pp.5~7, 한국 산업안전공단, 2006.
4. 짐 콜린스, 『좋은 기업을 넘어 위대한 기업으로』, 김영사, p.185, 2002.
5. 김성호, 『일본전산 이야기』, 쌤앤파커스, p.102, 2009.
6. 파리드 엘라시머위, 필립 R. 해리스, 삼성국제경영연구소 옮김. 『글로벌 시대 성
　공을 위한 이문화 경영기법』, p.93, 삼성인력 개발원 국제 경영연구소, 1995.
7. 새뮤얼 헌팅턴, 로렌스 해리슨, 이종인 옮김, 『문화가 중요하다』, 김영사, p.60, 2000.
8. 김정운, 『노는 만큼 성공한다』, 21세기북스, p.109, 2010.

제2장

9. 하버드 경영대학원 지음, 『지속가능 경영의 절대조건』, 웅진윙스, p.74, 2008.

제3장

10. 스티븐 로빈스, 이종구 번역, 『의사결정: 오류, 개선, 그리고 성공적인 삶』, 시
　그마프레스, pp.149~150, 2005.
11. 사이토 요시스리, 서한섭, 이정훈 옮김, 『맥킨지식 사고와 기술』, 거름출판사,
　pp.198~199, 2001.
12. 로버트 스턴버그, 에드워드 스미드, 이영애 역, 『인간사고의 심리학』, 교문사,
　p.275, 1992.
13. 존 G. 밀러, 『바보들은 항상 남의 탓만 한다』, ㈜한언, p.171, 2008.
14. 다카스기 히사타카, 『스트레스 심리학』, 미래의 창, p.13, 2005.
15. 동아일보, 「행복한 디지털」, 2009년 2월 24일 B6면.
16. http://www.kosha.or.kr

제4장

17. 니겔 리즈너, 『임팩트 코드』, 체온365, p.43, 2003.

18. 베아트 실러, 배진아 옮김, 『사람의 행동을 결정하는 심리코드』, 흐름 출판, p.153, 2004.

19. 시부야 쇼조 지음, 안희탁 옮김, 『느낌 좋은 행동, 느낌 없는 행동』, 지식여행, p.2, 2005.

20. 리사 히메네스, 김유태 옮김, 『두려움을 정복하라』, p.34, 황금 부엉이, 2006.

21. 이토 아키라, 『사고개혁의 심리학』, 김소운 옮김, p.59, 지식의 날개, 2006.

22. 이현제, 『내 인생을 바꿔주는 생각의 책』, p.16, 동방미디어, 2004.

23. 팻 맥라건, 윤희기 옮김, 『바보들은 항상 결심만 한다』, p.169, 출판사 예문.

24. 중앙일보, 2009.04.04.

25. 조선일보, 2009.02.21. 토일 section.

제5장

26. 태드 개벌린, 론 시몬스, 『인격의 힘』, pp.78~79, 이지북, 2003.

27. 안영진, 『변화와 혁신』, pp.189~191, 박영사, 2007.

28. 도널드 N. 설, 안정환 옮김, 『위기를 기회로 바꾸는 기업혁신의 법칙』, p.83, 웅진닷컴, 2003.

29. 송병락, 『싸우고 지는 사람, 싸우지 않고 이기는 사람』, p.7, 청림출판, 2004.

30. 바스카르 차크라보티, 이상원 옮김, 이동현 감수, 『혁신의 느린 걸음』, pp.20~21, 푸른숲, 2005.

31. 조선일보, 2009.04.27.

32. 박경록, 『21세기를 향한 고정관념 파괴』, p.280, 진리탐구, 1995.

33. 지미 카라노, 이주형 옮김. 『미래를 위해 꼭 해야 할 89가지』, p.7, 청년정신, 2005.

34. 빌 리, 『관리자가 자기 발등을 찍는 30가지의 실수』, p.127, 도서출판 예문, 2007.

35. 조선일보, 5월 16일 , 10판 , 2009.

36. 이지훈, 『혼창통』, p.281, 쌤앤파커스, 2010.

37. 혜민, 『멈추면 비로소 보이는 것들』, pp.69~70, 쌤앤파커스, 2012.

윤용구 --

'작은 윤틀러', '짧은 안전 바지', '걸음의 스피더', '현장중시 윤'이라는 별명처럼 행동이 분명하고, 실사 구시의 업무 능력으로 생각이 유연하며, 일에 접하면 집중력이 강하다는 것이 근자들에게 듣는 평이다. 안전의 철학과 소신이 확고하며, 적극적이면서도 남다른 추진력은 남이 따라오지 못하고, 안전에 열정과 끈기를 가지고 있다. 안전철학, 안전행동과 현장 중심의 안전경영에 역점을 두고 있으며 문 제해결 원칙을 가지고 있다. 인적 오류로 박사학위를 받았고 전공을 살려, 인간 공학과 인적 오류, 인적 요인에 관심과 노력을 가지고 있다. 안전 및 산업안전과 관련하여 다수의 논문을 발표하였다. 이번 출간은 안전에 대한 인적 오류의 문제해결을 추진하면서 느꼈던 인간의 태도, 문화, 스트레스, 혁신, 행동, 다섯 가지를 해결책으로 정리해 출간하게 되었다. 안전중시 휴먼웨어 시스템의 분석과 모델 구축을 위해 노력하고 있으며, 성공하기 위한 공학자 및 안전리더가 되기 위해 활동하고 있다. 현재 대기업의 환경안전부서에 재직하고 있다. 국내외 학회 활동은 대한설비관리학회, 대한안전경 영학회, 한국안전학회, 대한인간공학회, 산업경영학회에서 임원 및 회원으로 있다.

주요 저서로는 『산업재해에 대한 인적 요인의 모델 및 분석』, 『리더의 조건 다양성의 7가지 원칙』 이 있다.

오류엔
원칙밖에
없다

초 판 인 쇄 | 2013년 6월 21일
초 판 발 행 | 2013년 6월 21일

지 은 이 | 윤용구
펴 낸 이 | 채종준
펴 낸 곳 | 한국학술정보㈜
주   소 | 경기도 파주시 문발동 파주출판문화정보산업단지 513-5
전   화 | 031) 908-3181(대표)
팩   스 | 031) 908-3189
홈 페 이 지 | http://ebook.kstudy.com
E - m a i l | 출판사업부 publish@kstudy.com
등   록 | 제일산-115호(2000. 6. 19)

ISBN   978-89-268-4358-1 13330 (Paper Book)
          978-89-268-4359-8 15330 (e-Book)

이담 BOOKS 는 한국학술정보(주)의 지식실용서 브랜드입니다.